10% mejor que antes

DR. ROB YEUNG

10% mejor que antes

Aprende a mejorar poco a poco
en 8 ámbitos de tu vida

DIANA

Título original: *10% Better: Easy ways to beat stress, think smater, get healthy and archive any goal*

Traducción: Susana Olivares Bari

Publicado por primera vez en inglés en Gran Bretaña en 2020 por John Murray Learning, un sello de John Murray Press, una división de Hodder and Stoughton Ltd. An Hachette UK company.

Diseño de portada: Planeta Arte & Diseño / Estudio Peri
Ilustraciones de portada: © iStock
Diseño de interiores: Mariana Castro

Bajo el sello editorial DIANA M.R.
Avenida Presidente Masarik núm. 111,
Piso 2, Polanco V Sección, Miguel Hidalgo
C.P. 11560, Ciudad de México
www.planetadelibros.com.mx

Primera edición en formato epub: enero de 2022
ISBN: 978-607-07-8254-1

Primera edición impresa en México: enero de 2022
ISBN: 978-607-07-8208-4

Este libro es solo para fines informativos o educativos y no pretende actuar como un sustituto del consejo o tratamiento médico. Cualquier persona con una condición que requiera atención debe consultar a un médico calificado o a un terapeuta adecuado.

Impreso en los talleres de Litográfica Ingramex, S.A. de C.V.
Centeno núm. 162-1, colonia Granjas Esmeralda, Ciudad de México
Impreso y hecho en México - *Printed and made in Mexico*

A mis padres y a Steve, gracias por hacerme 1000% mejor

CONTENIDO

INTRODUCCIÓN

> Las grandes hazañas no se hacen de manera impulsiva, sino a través de la reunión de una serie de cosas pequeñas.
>
> **VINCENT VAN GOGH**

Si estás leyendo esta introducción, me imagino que te gustaría ser mejor de alguna u otra manera. Quizá quieras ser más feliz o tal vez desees llevar tu trayectoria profesional a otro nivel. Es posible que quieras sentirte con más confianza cuando conozcas a personas nuevas. O incluso puede ser que desees expandir tu memoria: tu capacidad para absorber y retener información novedosa. O cabe la posibilidad de que desees perder peso y estar en mejor condición física.

Pero hay un leve detalle: lo más seguro es que no cuentes con enormes cantidades de tiempo para mejorarte a ti mismo. No quieres pasar horas en terapia, ni escribiendo en un diario, ni reflexionando acerca de tu vida y de las maneras en que debes cambiarla. Al igual que la mayoría de la gente, quieres resultados… ¡y los quieres ya!

La buena noticia es que *puedes* ser mejor; puedes sentirte más feliz, tener más confianza, potenciar tu memoria y perder peso, y con bastante rapidez, por cierto. Los psicólogos han identificado docenas de trucos, consejos y peculiaridades de la mente que pueden ayudar a casi cualquier persona a lograr precisamente este tipo de resultados. Y la realidad es que muchos de estos métodos no toman más que algunos minutos, a veces solo unos cuantos segundos, para conseguirlos.

Así es, algunos cambios relativamente sencillos en la manera en que pensamos o nos comportamos tienen la capacidad de hacer una diferencia que puede medirse en nuestro éxito, nuestra salud, nuestras relaciones y nuestra felicidad. Y *10% mejor que antes* contiene algunas de mis técnicas favoritas que con rapidez te ayudarán a ser una persona mejor, más inteligente, más feliz y más saludable.

Centrarte en «ti»

Trabajo como psicólogo y *coach,* de modo que te daré un ejemplo de un consejo que no tardarás en poner en práctica.

Hace no mucho tiempo una cliente de cuarenta y tantos años llamada Elizabeth se estaba sintiendo bastante nerviosa. Había enviudado años antes, cuando su marido falleció de cáncer, y ahora se estaba preparando para salir a una cita por primera vez en casi veinte años.

Era perfectamente comprensible que se sintiera un poco más aprehensiva de lo normal, de modo que le sugerí que podía aligerar su estado de ánimo y sentirse un poco más segura si se repetía mensajes alentadores a sí misma.

—Eso ya lo hago —me informó—. A menudo me digo cosas como «Puedo hacer esto», «Soy más fuerte de lo que pienso» y «Puedo lograr cualquier cosa que me proponga».

—Creo que obtendrías mejores resultados si te hablaras a ti misma como si fueses una persona diferente —le sugerí.

—¿A qué te refieres?

—Podrías replantear las afirmaciones alentadoras ya sea hablándote de «tú» o usando tu propio nombre —le expliqué—. De modo que en lugar de decir «Puedo hacer esto», di «Puedes hacer esto» o bien «Elizabeth puede hacer esto».

Como la mayoría de los consejos que les ofrezco a mis clientes, se ha comprobado, por medio de pruebas científicas, que este pequeño truco tiene beneficios genuinos. Hace algunos años, un equipo de científicos liderado por Ethan Kross, profesor de psicología de la Universidad de Michigan, capacitó a un grupo de personas en el uso de diversos tipos de diálogo interno de manera previa a situaciones estresantes. En su experimento, se les dijo a 89 participantes que en poco tiempo tenían que dar un discurso improvisado frente a un grupo de totales desconocidos.

No sé tú, pero yo conozco a muchísimas personas que detestan tener que ponerse de pie y hablar en público, de modo que podrás imaginar que muchos de estos participantes se sintieron bastante estresados ante la idea de tener que dar el discurso.

A la mitad de los participantes se les indicó que se prepararan mentalmente usando la primera persona del singular, «yo», al pensar acerca de sí mismos. A la otra mitad de los participantes se les indicó que se hablaran de «tú» o que usaran sus propios nombres.

Para no hacerte el cuento largo, los participantes que se hablaron de «tú» o que usaron sus nombres tuvieron un desempeño significativamente mejor que los que usaron la primera persona. Aquellos participantes que usaron «tú» o sus nombres informaron que se sintieron menos estresados que quienes se hablaron usando «yo». Además, observadores juzgaron que los participantes de «tú»/nombres ofrecieron presentaciones visiblemente mejores. En otras palabras, los participantes que usaron «tú» o sus nombres no solo se sintieron mejor en términos subjetivos, sino que también tuvieron un mejor desempeño en términos objetivos.

Si te interesan los pormenores de esta investigación, o de cualquiera de las otras que discutamos, puedes consultar la sección de Notas al final del libro.[1] Las implicaciones más generales del experimento de Kross son: la próxima vez que necesites motivarte, trata de darte aliento como si estuvieras hablando con alguien más.

Cuando quieras animarte en el gimnasio, motivarte antes de una importante entrevista de trabajo o de una cita (como Elizabeth), o darte aliento para llevar a cabo una tarea difícil, dite a ti mismo: «¡Puedes hacerlo!», en lugar de «¡Puedo hacerlo!». Y recuerda que las investigaciones indican que no solo te sentirás mejor, sino que también tendrás un mejor desempeño.

> La próxima vez que necesites motivarte, trata de darte aliento como si estuvieras hablando con alguien más.

Uso de técnicas psicológicas que funcionan

Antes de que discutamos otras técnicas y trucos a mayor profundidad, permíteme que me presente brevemente. Trabajo como psicólogo, consultor y *coach*. En la práctica, eso significa que ofrezco talleres de capacitación para equipos de ejecutivos y empleados. Doy conferencias magistrales a públicos atestados de gerentes, trabajadores de beneficencias, vendedores, entrenadores personales, estudiantes y todo tipo de personas más. Y también ofrezco sesiones de *coaching* uno a uno. Sin embargo, en cada área de mi trabajo debo ser un escéptico profesional.

Es parte de mi trabajo cuestionar lo que se cruce en mi camino y recomendar solo aquellas técnicas que de veras funcionen. Simple y sencillamente, no puedo creer todas las afirmaciones con las que me topo y tampoco creo que sería justo que en este libro me limitara a decirte qué hacer sin justificar cada una de mis recomendaciones.

En estos días, creo que es de especial importancia ser algo escépticos e inquisitivos. Por donde quiera que miremos —televisión, anuncios espectaculares, Facebook, correos electrónicos— nos bombardean con productos que, se supone, pueden cambiar nuestras vidas de maneras maravillosas. Hay supuestos superalimentos y suplementos que juran quemar grasa, revertir la diabetes o, incluso, curar el cáncer; aparatos que nos pueden ayudar a mejorar nuestra productividad o curar la pérdida de cabello; cursos en línea que pueden hacernos carismáticos, merecedores de amor o ricos.

En estos días, es importante ser algo escépticos e inquisitivos.

Es posible que algunos de estos productos tengan mérito, pero no es el caso para muchos de ellos. Además, por desgracia, no faltan los fraudes, ni los charlatanes, estafadores o incluso los gurús bien intencionados, pero mal informados, que no pueden cumplir sus promesas.

Cuando me entero de nuevos productos y servicios, tratamientos y terapias, por lo general pienso: «¿De veras? ¿Y qué evidencia sustenta eso?». Es mi trabajo proteger a mis clientes de posibles daños, por eso solo les propongo aquellas cosas que funcionan y, del mismo modo, siento que es parte de mi trabajo mantenerte a salvo a ti.

Pero no quiero únicamente platicarte acerca de los métodos que funcionan; también me fascinaría que para el final de este libro hayas adoptado esa misma actitud inquisitiva en tu vida. Así, cuando *tú* te topes con el siguiente nuevo producto, terapia o consejo, espero que también te detengas y preguntes: «¿De veras? ¿Y qué evidencia sustenta eso?».

Pero no es solo el asunto de que haya pruebas. También quiero que a mis clientes les resulte fácil o, incluso, placentero, integrar nuevos métodos y técnicas en sus vidas. No tiene caso que sugiera algo que a mis clientes les parezca demasiado complicado o molesto intentar al menos una sola vez; no se diga llevarlo a cabo en repetidas ocasiones. Así que en el presente libro incluiré solo las cosas que pienso que son eficaces y fáciles, además de placenteras de vez en cuando.

Capítulo tras capítulo discutiremos cómo puedes tener un desempeño más eficaz bajo presión, cómo mejorar tu condición física y bajar más de peso, y cómo vivir una vida más feliz. Discutiremos de qué manera dar una impresión de mayor seguridad en ti mismo durante las entrevistas de trabajo, audiciones y citas. Exploraremos los datos científicos más recientes sobre aprendizaje, memoria, creatividad y felicidad en una relación. E incluso veremos que puede haber mérito genuino en preguntar «¿Y qué haría Batman?».

Vuélvete 10% mejor

Sí, aprenderás a lidiar con el estrés, a ponerte en mejor condición física y a perder peso, a ser más creativo y todo lo demás. Pero creo que es importante que tengas expectativas realistas.

Este libro lleva el título de *10% mejor que antes* porque creo que es una meta perfectamente asequible que mejores en este tipo de áreas a niveles de dos dígitos. Toma como ejemplo el estudio de Ethan Kross y colaboradores que discutimos antes. Los investigadores encontraron que los participantes que se referían a sí mismos hablándose de «tú» o que usaban sus nombres se sintieron cerca de 20% mejor que los participantes que se hablaban en primera persona. Y cuando observadores expertos escucharon las presentaciones y calificaron el desempeño de todos, a los participantes de «tú»/nombres les dieron calificaciones que eran alrededor de 10% mejores.

En términos de comida, te compartiré un consejo que se ha comprobado que reduce la ingesta de bocadillos poco sanos —como galletas dulces— en 24%, así como otra sugerencia que podría ayudarte a reducir tu ingesta de calorías hasta en 36 por ciento.

Y la lista sigue y sigue. Por ejemplo, te contaré acerca de un método particular para establecer metas, el cual, dentro de un estudio, permitió que alumnos obtuvieran resultados 13% mejores en un examen escrito.

Cada una de las técnicas y de los métodos, ajustes, consejos y recomendaciones que están en este libro se han sometido a prueba en términos científicos. Algunos de ellos ofrecen mayores beneficios, mientras que otros ofrecen resultados más modestos, pero significativos. Si los sumas todos, es más que posible que termines siendo mejor y aun que superes la expectativa de 10 por ciento.

Cómo recorrer este libro

Dividí este libro en ocho capítulos y una conclusión, pero *10% mejor que antes* no es un libro que necesites leer capítulo por capítulo para poder entender el que sigue. Así que siéntete en toda libertad de saltar a donde quieras. Por ejemplo, si lo que más quieres es ponerte en forma o perder peso, ve directamente al capítulo 3. O, si estás estudiando para algún examen final, es posible que el capítulo 6 sea un punto de inicio de mayor utilidad para ti.

Francamente, cada capítulo es independiente. Así que brinca hacia adelante y hacia atrás entre capítulos si eso te parece de mayor utilidad. Para que puedas decidir a dónde dirigirte primero, a continuación verás un resumen breve de cada uno de los capítulos venideros:

- **Capítulo 1. Ponte listo con el estrés y con las presiones cotidianas.** Tal vez tu computadora acaba de borrar todo tu trabajo, te peleaste con alguien o solo te sientes abrumado por todas las cosas que tienes que hacer. Hay muy pocas personas que no se sienten estresadas, ansiosas o enojadas, al menos de vez en cuando. En este primer capítulo examinaremos métodos rápidos que puedes utilizar para superar los momentos difíciles.

- **Capítulo 2. Fortalece tu motivación y alcanza tus metas.** Todos tenemos metas, pero no siempre es fácil alcanzarlas. Quizá deseas un mejor trabajo o una vida amorosa más satisfactoria. Tal vez quieres cambiar algún aspecto de tu personalidad o modificar tu comportamiento; por ejemplo, abandonar algún mal hábito o iniciar uno bueno. Mantenerte motivado puede resultar difícil, pero en este capítulo analizaremos algunos consejos basados en investigaciones para que mejores las probabilidades de lograr tus metas.
- **Capítulo 3. Aprende a tener en cuenta tu salud y a bajar de peso.** Como podrás imaginar, muchas personas tienen metas relacionadas con su salud física y, en particular, con perder peso. El capítulo 2 hablará de ajustes que pueden aplicarse a todo tipo de metas, pero en este capítulo aprenderás una serie de técnicas que te ayudarán a alcanzar tus metas de salud, alimentación y pérdida de peso.
- **Capítulo 4. Cómo tomar mejores decisiones.** Quizá estés tratando de decidir si comprar un nuevo teléfono inteligente, una laptop, un coche o un plan de pensiones. O tal vez estés tratando de determinar si tomas un nuevo trabajo, te mudas a una nueva ciudad o terminas una relación. A veces, la decisión incorrecta puede costarte dinero; en ocasiones, una mala decisión puede provocar que te arrepientas por años o décadas a futuro. Por fortuna, la ciencia de la psicología ha identificado unos cuantos métodos que te permitirán tomar todo tipo de decisiones con mucha mayor confianza.
- **Capítulo 5. Potencia tu creatividad e inventiva.** La creatividad no es solo para los artistas; es una capacidad esencial para cualquiera que desee encontrar formas nuevas, mejores, más rápidas, más económicas y más disfrutables de hacer las cosas.

Es pertinente para alguien que quiere hacer las tareas del hogar de manera más rápida y menos engorrosa, lo mismo que para un emprendedor que quiere ofrecerles algo más interesante a sus clientes. En este capítulo veremos que invertir tan solo unos minutos en diferentes actividades y ejercicios mentales puede significar una enorme diferencia en la capacidad de las personas para pensar, trabajar y ser mejores.

- **Capítulo 6. Sé inteligente con tu aprendizaje, memoria y desempeño.** El aprendizaje no es algo que se limite a nuestros días de escuela. *Vivir* es un constante proceso de aprendizaje. En el trabajo, necesitas aprender las reglas más recientes y las formas más novedosas de hacer las cosas todo el tiempo. Tienes que adaptarte a los nuevos sistemas operativos en las computadoras y en los últimos modelos de teléfonos inteligentes. Tal vez necesites presentar un examen para obtener algún grado profesional, o quizá quieras aprender un nuevo idioma, deporte o instrumento musical, o mejorar tu asertividad, perspicacia financiera, inteligencia emocional, habilidades de liderazgo o cualquier otro aspecto de ti mismo. Todo es aprendizaje, de modo que en este capítulo aprenderás a aprender mejor.
- **Capítulo 7. Cómo lidiar con la presión y con las presentaciones públicas.** Este capítulo será de particular ayuda en situaciones de alto impacto en las que te sientas juzgado por las personas en un entorno público. De modo que posiblemente quieras hacer una presentación excelente, hablar más en el trabajo, alcanzar el éxito en las entrevistas de trabajo o causar una buena impresión en esa cita romántica que tanto te importa. O a lo mejor eres un atleta, cantante, músico o intérprete de otro tipo que necesita desempeñarse bajo presión.
- **Capítulo 8. Encuentra pequeñas maneras de sentirte más feliz.** La vida no siempre es sencilla, pero las investigaciones nos dicen que hay ejercicios simples que nos pueden ayudar a encontrar más momentos de alegría y satisfacción en nuestras vidas cotidianas; o a extender y potenciar los buenos momen-

tos que se atraviesen en nuestro camino. Así que dirígete a este capítulo si quieres sentirte más feliz.

- **Conclusiones. Arriba y adelante, ahora te toca a ti.** Para el momento en que llegues al final del libro habremos examinado docenas y docenas de ejercicios, métodos y actividades. De modo que voy a finalizar con un consejo sobre cómo sacar el máximo de todos ellos.

Ahora te toca a ti

Escribo libros porque espero poder ayudar a las personas a tener vidas mejores, más productivas, eficaces, exitosas y felices. Por eso, a lo largo de *10% mejor que antes* trataré de hacer que te sea fácil elegir y aplicar las diversas técnicas con las que nos toparemos. Busca los apartados como este para que tengas una guía paso a paso de cómo poner en práctica los distintos principios o técnicas para beneficiarte ya sea en tu vida profesional o personal.

10%

1

PONTE LISTO CON EL ESTRÉS Y CON LAS PRESIONES COTIDIANAS

> No somos criaturas de las circunstancias; somos creadores de circunstancias.
>
> **BENJAMIN DISRAELI**

Uno de mis clientes, un gerente al que llamaré Brendan, a menudo pasa entre diez y 12 horas al día en su estresante trabajo; pero jamás le han ofrecido el ascenso que tanto ansía. Le fascinaría conseguir un empleo nuevo, pero no siente que tenga ni el tiempo, ni la energía para tratar de encontrar mejores opciones.

Otra clienta, que se llama Anya, se acaba de separar de su marido y está teniendo que lidiar con todo el papeleo legal de su divorcio. Sus dos hijos adolescentes se sienten angustiados por la separación: uno se ha vuelto huraño y taciturno, mientras que el otro se ha vuelto combativo y agresivo. Anya siente que el estrés de su vida personal está destruyendo su concentración y desempeño en el trabajo.

Peter trabaja como diseñador gráfico para un importante bufete de abogados, pero poco después de que cumpliera sus 40 decidió que quería cambiar de profesión. Ahora, está intentando montar su propio negocio como diseñador de interiores en las noches y durante los fines de semana. Además de eso, él y su esposa quieren tener hijos y ya han pasado por varios cursos de tratamiento de fertilización *in vitro* (FIV) que han sido costosos, tardados y estresantes.

El estrés parece ser una parte más que importante de la vida moderna. No tiene necesariamente una sola causa, puede generarse a partir de la acumulación de dificultades laborales, conflictos familiares, problemas monetarios, asuntos relacionados con la pareja, lesiones y enfermedades, y preocupaciones y fastidios cotidianos.

El estrés no tiene una sola causa; puede generarse a partir de la acumulación de dificultades laborales, conflictos familiares, problemas monetarios, asuntos relacionados con la pareja, lesiones y enfermedades, preocupaciones y fastidios cotidianos.

¿Con qué frecuencia sientes que tienes demasiadas cosas que hacer? ¿Qué tan a menudo te sientes irritable o frustrado, tenso o desalentado? ¿Qué tan frecuentemente dirías que haces las cosas porque tienes que hacerlas, más que porque quieres hacerlas?

Este es el tipo de preguntas que los investigadores suelen plantear cuando miden los niveles de estrés de las personas. Por ejemplo, investigadores liderados por Sheldon Cohen, de la Universidad Carnegie-Mellon, idearon la Escala de estrés percibido por allá en 1983. Es uno de los instrumentos que con más frecuencia se utilizan para medir los niveles de estrés de las personas, y se ha usado en miles y miles de investigaciones en todo el planeta.[1]

Otra prueba popular, llamada Cuestionario de estrés percibido, se creó diez años después por un equipo de psicólogos encabezados por Susan Levenstein, del Hospital Nuovo Regina Margherita, de Italia. Este equipo de estudiosos hizo una enorme contribución a las investigaciones relacionadas con el estrés al establecer que los altos niveles de estrés percibido podían desencadenar la aparición de enfermedades físicas tales como la colitis ulcerativa.[2] De modo que el estrés no es solo algo que nos afecte en términos psicológicos; también puede tener efectos nocivos sobre nuestros cuerpos y nuestra salud física.

Pero lo que estas dos pruebas tienen en común es que miden el estrés *percibido*; el estrés, entonces, no se refiere a algo que está sucediendo en el mundo que te rodea. Tiene todo que ver con la forma en que piensas y sientes y percibes al mundo y a ti mismo. Si tú te *sientes* cansado o frustrado, solitario o aislado, experimentas estrés. No importa cuál pueda ser tu situación real; tan solo *pensar* que estás bajo presión por parte de otras personas o abrumado de responsabilidades basta para que se desaten los cambios psicológicos y fisiológicos que componen la respuesta de estrés.

No me queda la menor duda de que, a fin de superar el estrés, te han aconsejado masajes, hacer ejercicio físico, tomar baños relajantes o meditar; pero te voy a presentar un consejo que casi con toda seguridad no habrás oído antes.

Como ya dije, el estrés sucede cuando piensas o te sientes de una cierta manera; pero, con tan solo un poco de esfuerzo, puedes tomar la decisión deliberada de sentirte mejor. De modo que veremos unas cuantas maneras en las que puedes enfrentarte al estrés por medio de cambiar la forma en que piensas o por medio de centrar tu atención de modos inusuales.

> **El estrés no se refiere a algo que está sucediendo en el mundo que te rodea. Tiene que ver con la forma en que piensas, sientes y percibes al mundo y a ti mismo.**

Ecforización de recuerdos felices

Hace algunos días, recibí una notificación en mi teléfono inteligente. Si me tienes un poco de paciencia, te explicaré cómo es que eso se relaciona con el manejo del estrés.

Exactamente hace tres años Byron, el perro de la familia, destruyó una caja entera de pañuelos faciales a mordiscos. Es un perro de naturaleza gentil y dulce, un schnauzer miniatura, peludito y juguetón. Pero le fascina mordisquear pañuelos faciales. Y, por alguna razón, ese día dejé un montón sobre un banco de baja altura antes de dejar al perro solo en casa.

Cuando regresé unas horas más tarde, había trocitos de pañuelos faciales por toda la casa. Docenas y docenas de pedacitos, fragmentos y tiritas de papel blanco. Y Byron estaba allí, sentado en medio de todo ese desastre, como si no tuviera nada que ver con eso.

Fue una escena cómica. Después de todo, ya antes había destruido pañuelos faciales, de modo que no fue más que mi tonta culpa por dejarlos a su alcance. Limpiarlos representaba solo una leve molestia. Me reí y decidí tomar unas fotografías de la masacre.

En fin, el día de hoy mi *app* de Google Fotos me envió una notificación donde me invitaba a «redescubrir este día», de modo que así lo hice, cosa que me hizo sonreír.

Cada semana, Google Fotos me envía unos cuantos recordatorios. Facebook también hace lo mismo. La semana pasada me dijo: «Rob, nos importas tú y los recuerdos que compartes aquí. Pensamos que te gustaría volver a ver esta publicación de hace dos años».

¿Alguna vez has rememorado felizmente acerca del pasado al ver viejas fotografías, tal vez en las redes sociales o incluso con fotografías físicas que estén en algún álbum o que quizá tengas enmarcadas por allí? Si tu respuesta es «sí», entonces has llevado a cabo algo que se denomina ecforia. Hans Markowitsch, profesor e investigador de la Universidad de Bielefeld, en Alemania, define la ecforia como «el proceso mediante el cual los indicios de rememoración interactúan con la información almacenada, de tal suerte que aparece una imagen o representación de la información relacionada».[3]

Es una definición psicológica bastante técnica, pero, para mí, eforizar simplemente significa utilizar un indicio del mundo real para accionar la información almacenada en el cerebro a fin de evocar un recuerdo.

De modo que sí, podrías ecforizar al ver ya sea imágenes en una pantalla o la fotografía que tienes entre tus manos. Podrías ecforizar al tomar un *souvenir* o un objeto que desencadene un recuerdo en particular; tal vez esa piedrita que te recuerda las vacaciones que tomaste en la playa o algún aroma que te lleva de regreso a un cumpleaños de tu infancia. Incluso podrías ecforizar si lees una frase en particular, como «Uno de los momentos más felices de los últimos años» o «El recuerdo positivo de una buena amistad».

Ecforizar significa utilizar un indicio del mundo real para accionar la información almacenada en el cerebro a fin de evocar un recuerdo.

Este capítulo tiene que ver con técnicas que pueden utilizarse para dominar el estrés; de modo que, por supuesto, estoy diciendo que la ecforia, el simple acto de rememorar los momentos felices del pasado, puede ayudarte en tu lucha contra el estrés. ¿Pero existe evidencia contundente de que funcione?

Megan Speer y Mauricio Delgado, investigadores en psicología de la Universidad Rutgers, decidieron estudiar precisamente este asunto. En un estudio reciente, sometieron de manera deliberada a un grupo de participantes experimentales a una situación inductora de estrés para después poner a prueba si recordar memorias positivas por algunos minutos haría alguna diferencia en los niveles de estrés de los participantes.

Los sujetos experimentales pasaron por algo que se denomina prueba de exposición al frío con evaluación social. La prueba de exposición al frío consiste en pedirles a los participantes que hundan sus manos y muñecas en un recipiente lleno de agua helada por el mayor tiempo posible.

Para ser francos, resulta de lo más incómodo. Si te atreves, inténtalo tú mismo. Al cabo de algunos segundos, lo más seguro es que empieces a apretar los dientes y a hacer gestos a causa del intenso dolor que sentirás en tus manos.

Pero a estos participantes se les sometió a una versión todavía más difícil, con la así llamada versión de evaluación social de la prueba. Se les dijo que los grabarían en video para que sus expresiones faciales se sometieran a revisión por parte de un grupo de expertos y se les pidió que miraran directamente a la lente de una cámara. A la mayoría de las personas ni siquiera les agrada que graben sus voces en una cinta; imagínate lo justificadamente incómodos que se sintieron ante la perspectiva de que grabaran sus gestos de agonía en video.

A todos los participantes se les sometió a la prueba de exposición al frío y los filmaron. Inmediatamente después, se les dividió en dos grupos. A uno (el grupo experimental), se le pidió que pasara algunos minutos pensando en recuerdos positivos. Al otro (el grupo control) se le pidió que pasara la misma cantidad de tiempo pensando en recuerdos neutrales. (Estoy seguro de que habrás oído del efecto placebo: el hecho de que algunas personas pueden sentirse mejor incluso cuando llevan a cabo un ejercicio fingido o se someten a algún tratamiento falso. Así, al incluir un grupo de control, los investigadores pudieron comprobar si pensar en recuerdos positivos de veras fue más eficaz para reducir el estrés que llevar a cabo una actividad placebo).

Por último, todos los participantes respondieron cuestionarios acerca de sus niveles de estrés. También proporcionaron muestras de su saliva para que los investigadores pudieran medir sus concentraciones de cortisol, la hormona del estrés. Ah, y, por cierto, recuerda que a todos los participantes se les pidió que pensaran en recuerdos positivos o neutrales *después* de la prueba inductora de estrés.

Como podría esperarse, los investigadores en efecto encontraron que los recuerdos positivos producían un beneficio. Los participantes que pensaron en recuerdos positivos después de la prueba del agua helada informaron sentirse significativamente mejor que aquellos que pensaron en recuerdos neutros. Además, los participantes que pensaron en recuerdos positivos exhibieron aumentos mucho menores en cortisol que los participantes del grupo control.[4] En otras palabras, la ecforización, el que se nos pida que reflexionemos acerca de recuerdos positivos, puede reducir los niveles de estrés tanto a nivel psicológico como fisiológico.

La ecforización, el que se nos pida que reflexionemos acerca de recuerdos positivos, puede reducir los niveles de estrés tanto a nivel psicológico como fisiológico.

Este es un experimento fabuloso por un par de razones. Antes que nada, los investigadores midieron indicadores de estrés tanto mentales como corporales. De modo que la ecforia no solo cambió la reacción emocional y subjetiva de las personas al estrés, cosa que los críticos podrían argumentar es algo efímero que en realidad no tiene importancia alguna; la técnica también inhibió la reacción hormonal y objetiva del cuerpo hacia el estrés, cosa que sugiere que también implica beneficios médicos.

La inclusión de un grupo control también resulta importante. Pedir que se pensara en recuerdos neutros no bastó para reducir la respuesta de estrés. No, el simple acto de rememoración no fue suficiente. Fue solo cuando a los participantes se les pidió que reflexionaran acerca de sus recuerdos *positivos* que se obtuvo una reducción en la respuesta al estrés.

Los investigadores emprendedores, Speer y Delgado, concluyeron: «Cuando el estrés psicológico descontrolado nos aleja de un estado deseable, potenciar los sentimientos positivos por medio de la rememoración del pasado puede ser una forma de traernos de regreso». O, en un lenguaje más simple: si te estás sintiendo mal, el simple esfuerzo de recordar tiempos más felices puede ayudarte a que te sientas mejor.

Inducción de tus propios recuerdos felices

Es frecuente que la vida nos presente retos inusuales y la ecforia, el uso de indicios de la vida real para accionar recuerdos felices, puede ser una técnica práctica que conviene tener en nuestro arsenal de estrategias para acabar con el estrés.

Recuerda que la ecforia implica el uso de indicios externos. Habitualmente, los investigadores han utilizado palabras o frases, porque tienden a tener significado para todo el mundo. Sin embargo, podrías intentar utilizar indicios más personales, como fotografías, objetos físicos, *souvenirs*, sonidos o canciones. Si deseas inducir tus propios recuerdos positivos con solo algunas frases, podrías utilizar las que siguen, que se basan en los estímulos que utilizó el equipo de Hans Markowitsch:

- El primer recuerdo positivo en tu vida que de veras puedes recordar.
- Un suceso positivo de tu infancia; por ejemplo, una situación de juego.
- Un cumpleaños feliz de tu infancia.
- Un recuerdo positivo que involucre a un buen amigo.
- Una vacación agradable que tuviste en alguna ocasión.
- Un momento en que te sentiste enamorado.
- Una aventura feliz, alegre o divertida que tuviste.
- Una situación encantadora que compartiste con alguien.
- Un momento en que experimentaste el éxito.
- El momento más feliz que hayas tenido en los últimos años.
- Un momento en que te sentiste motivado y positivo.
- Una situación gozosa.
- Un momento en que hayas tenido una experiencia agradable e íntima.
- Una ocasión en que te hayas sentido muy entusiasmado.

La belleza de esta técnica es que puedes recordar cualquier memoria que te parezca placentera *a ti*. Solo céntrate en un pequeño conjunto de recuerdos positivos durante varios minutos. En realidad, eso es todo lo que necesitas hacer.

En este momento, quizá sigas sin estar del todo convencido en cuanto a esta técnica. Simplemente suena demasiado fácil. Y, para ser honestos, si alguna persona cualquiera me hubiera dicho que con tan solo pasar un par de minutos rememorando tiempos más felices podría acabar con el estrés, hubiera levantado una dudosa ceja. Pero permíteme ofrecerte todavía más evidencia convincente de que funciona.

A menudo, los neurocientíficos utilizan equipo de imágenes por resonancia magnética funcional (IRMF) para echar un vistazo al funcionamiento del cerebro, e investigadores han hallado que el engañosamente sencillo acto de volver a experimentar recuerdos positivos en realidad tiene efectos más que detectables en el cerebro. Megan Speer y un nuevo equipo de colaboradores encontraron que el recuerdo de memorias autobiográficas positivas conducía a un aumento de actividad en el núcleo estriado, en la corteza prefrontal ventromedial, en la corteza orbitofrontal y en el cíngulo anterior.

Ahora bien, estas regiones del cerebro son de interés particular ya que, por lo general, están involucradas en el procesamiento de los efectos de las recompensas, como el dinero. En teoría, este patrón de activación cerebral debería significar que la mera cavilación en tiempos más felices es tan gratificante para el cerebro como ganar un premio en efectivo.

De modo que Speer y colaboradores se aprestaron a someter su hipótesis a prueba. Crearon un juego elaborado en el que los participantes elegían pensar en un recuerdo positivo o en uno neutro (p. ej., una visita reciente al supermercado) a cambio de pequeños premios en efectivo. Los premios en efectivo cambiaban en cada ocasión; a veces se ofrecía más dinero por un tipo de recuerdo u otro y, en ocasiones, las recompensas en efectivo para ambos recuerdos eran las mismas.

Cuando los premios para pensar en recuerdos positivos o en recuerdos neutros eran iguales, los participantes elegían pensar en los recuerdos positivos 86% de las veces, cosa que resulta poco sorprendente.

Sin embargo, cuando se ofrecía más efectivo por pensar en el recuerdo neutral, había veces en que los participantes seguían prefiriendo reflexionar acerca del recuerdo positivo. De hecho, los participantes estuvieron dispuestos a sacrificar 28% de sus ganancias potenciales con tal de rememorar recuerdos positivos en lugar de neutros. En otras palabras, había veces en que reflexionar acerca de los momentos más felices verdaderamente valía más para los participantes que el dinero real que podían llevarse.[5]

A mi parecer, entonces, existe evidencia de peso considerable a favor del poder de la ecforia, el aparentemente humilde acto de utilizar indicios que nos hagan recordar momentos más felices. Sabemos que recordar memorias felices reduce los marcadores tanto fisiológicos como psicológicos del estrés. También estimula los centros de recompensa del cerebro. Y es un motivador tan intenso que hay ocasiones en que los participantes experimentales están más que dispuestos a renunciar a premios de dinero en efectivo tan solo por el derecho a deleitarse con sus recuerdos positivos. Nada mal para un pequeño ajuste que no cuesta nada y que necesita solo algunos instantes para llevarse a cabo.

> Existe evidencia de peso a favor del poder de la ecforia, del aparentemente humilde acto de utilizar indicios que nos hagan recordar momentos felices.

Aprender a perseverar frente al estrés

¿Puedes imaginar el estrés que sentirías si tuvieras a personas disparándote y tratando de matarte? Imagina cómo sería tener que preguntarte si el siguiente paso que dieras pudiera ser sobre un explosivo que te volara ambas piernas. O lo que sentirías al ver a amigos perder sus extremidades o morir frente a tus ojos.

Estos son solo algunos de los estresores —fuentes de estrés— inmediatos a los que se enfrenta el personal de las fuerzas armadas.

Pero también tienen que lidiar con otros estresores más persistentes: posiblemente estar a miles de kilómetros de sus familias durante meses, vivir de raciones, estar confinados en instalaciones militares y experimentar un profundo aburrimiento al no estar de servicio.

A causa del estrés que debe tolerar el personal militar, numerosos investigadores han hecho esfuerzos por tratar de averiguar qué los ayuda a mantenerse sanos, tanto en sentido físico como psicológico. Y resulta que un factor decisivo es su perspectiva de la vida.

Para medir qué tanto te sientes en control y le ves un significado a tu vida, echa un vistazo a las seis afirmaciones que se derivan de un cuestionario psicológico que creó Sigurd Hystad, científico en psicología por la Universidad de Bergen en Noruega.[6] Te presentaré las afirmaciones en dos conjuntos de tres.

¿Hasta qué grado estarías de acuerdo con estas tres afirmaciones?

- «Paso la mayor parte de mi vida haciendo cosas que tienen un significado».
- «Depende de mí decidir cómo será el resto de mi vida».
- «La mayor parte del tiempo, mi vida me parece interesante y emocionante».

Ahora, considera otras tres afirmaciones. De nuevo, ¿a qué grado dirías que concuerdas o discrepas con cada una?

- «Creo que no hay gran cosa que pueda hacer para influir en mi propio futuro».
- «Siento que, básicamente, mi vida carece de significado».
- «En términos generales, la vida me parece aburrida».

Cuando Hystad y sus colaboradores les preguntaron a 7 239 hombres y mujeres en la milicia que respondieran cuestionarios que contenían afirmaciones parecidas, pudieron detectar ciertos patrones de salud y enfermedad. Hubo una clara relación entre el grado al que el personal se sentía carente de control y el número de ausencias médicamente certificadas que tuvieron.

Mientras más estaba de acuerdo el personal con las primeras tres afirmaciones, más tendía a verse protegido contra las enfermedades; pero mientras más concordaban con las segundas tres aseveraciones, más probable era que presentaran algún tipo de enfermedad en el periodo subsiguiente de 12 meses de duración.[7]

Ahora vuelve a examinar las seis afirmaciones. ¿Sientes que pasas una porción suficiente de tu tiempo haciendo cosas significativas? ¿A qué grado sientes que puedes influir en tu propio futuro? ¿Estás tomando decisiones y sintiéndote a cargo de tu vida o tan solo te estás limitando a dejar que las cosas pasen y a sentirte aburrido?

> **¿Sientes que utilizas una porción suficiente de tu tiempo haciendo cosas significativas?**

Estas parecen ser preguntas monumentales respecto a la vida, pero dos estudios de investigación subsiguientes han mostrado que puedes alterar tu perspectiva de vida con bastante rapidez.

En un estudio, investigadores alemanes encabezados por Tobias Teismann, en la Universidad Ruhr de Bochum, les pidieron a 64 hombres y mujeres adultos que escribieran acerca de uno de dos temas. A los participantes del grupo experimental se les pidió que se proyectaran a futuro y que escribieran cómo se imaginaban que pudieran resultar sus vidas.

Pero los investigadores fueron lo bastante astutos como para darse cuenta de que el acto de escribir, en sí mismo, casi acerca de cualquier tema, podría tener algún tipo de beneficio mínimo, como el de un placebo. De modo que le pidieron a un segundo grupo de participantes (el grupo control) que pasara la misma cantidad de tiempo escribiendo acerca de temas insustanciales, como sus viajes al trabajo o cómo era que limpiaban las cocinas de sus casas.

Después de los ejercicios de escritura, los investigadores notaron que aquellos que habían escrito acerca de sus vidas a futuro informaron de una disminución modesta en pensamientos angustiantes, en comparación con los participantes del grupo de control. Pero he aquí la parte más ingeniosa. En lugar de limitarse a observar pensamientos y sentimientos intangibles y efímeros, los investigadores también optaron por medir las respuestas biológicas al estrés de los participantes. De modo que cada uno de los participantes dio muestras de saliva, lo que permitió que los experimentadores buscaran la presencia de cortisol, la hormona del estrés.

Como podría esperarse, los participantes del grupo experimental, que escribieron sobre sus metas en la vida, se beneficiaron más. Exhibieron concentraciones menores de cortisol que los participantes del grupo control, quienes escribieron acerca de actividades cotidianas de rutina. Y la diferencia fue mensurable incluso hasta 48 horas después del ejercicio de escritura.[8]

En otras palabras, escribir acerca de las metas de vida no solo calmó los pensamientos indisciplinados, sino que ofreció un beneficio cuantificable, en términos de la fisiología de los participantes, que tuvo dos días de duración.

Pero un segundo estudio sugiere que los beneficios de escribir acerca de las metas vitales podría durar todavía más. Al otro lado del océano Atlántico y a casi 7 750 kilómetros de distancia, un grupo separado de científicos dirigidos por Steve Harrist, investigador de la Universidad Estatal de Oklahoma, les pidieron a varias docenas de estudiantes universitarios que pasaran veinte minutos escribiendo acerca de sus metas de vida. A los participantes se les dieron las siguientes instrucciones:

Piensa acerca de tu vida a futuro. Imagina que todo salió de la mejor manera posible. Trabajaste arduamente y lograste alcanzar todas tus metas vitales. Piensa en esto como el cumplimiento de todos los sueños que tenías en la vida. Ahora, escribe acerca de lo que imaginaste.

Como en el caso de los otros investigadores, Harrist y sus colegas se percataron de que el mero acto de escribir, en sí mismo, podría tener algún tipo de beneficio placebo mínimo. De modo que le pidieron a un segundo grupo de participantes que pasara la misma cantidad de tiempo escribiendo de sus tareas programadas y de las cosas que necesitaban hacer en sus vidas.

Entonces, los investigadores monitorearon el número de veces que los participantes visitaban el centro de salud universitario a causa de enfermedad y, al paso de los siguientes tres meses, los estudiantes que escribieron acerca de sus vidas futuras visitaron el centro de salud una cantidad significativamente menor de veces por causa de enfermedad que los estudiantes que se limitaron a escribir acerca de sus tareas programadas.

Resulta evidente que escribir acerca de tus metas de vida puede tener beneficios importantes para tu salud, pero ¿de veras tienes que escribir acerca de tus metas de vida? ¿No podrías tan solo hablar de ellas?

Escribir acerca de tus metas de vida puede tener beneficios importantes para tu salud.

Por fortuna, el equipo de Harrist se preguntó exactamente lo mismo, por lo que incluyó a dos grupos de participantes más. Al tercer grupo se le dio casi el mismo ejercicio «Piensa acerca de tu vida a futuro» que al primero, pero en lugar de escribir acerca de sus metas vitales, estos participantes pasaron veinte minutos hablando acerca de las mismas en voz alta con otra persona; a un cuarto grupo se le pidió que pasara la misma cantidad de tiempo hablando acerca de algún tema neutral con otra persona. Una vez más, los investigadores monitorearon el número de consultas relacionadas con enfermedad a las que estos nuevos participantes acudieron.

Cuando los investigadores analizaron los datos de los cuatro grupos, encontraron que tanto escribir como hablar acerca de las metas de vida ofrecía el mismo grado de protección. Ya fuera que los participantes escribieran acerca de sus metas vitales o que hablaran de ellas con otra persona, su salud fue mejor a lo largo de los siguientes tres meses que la de los participantes que escribieron o hablaron de temas menos importantes.[9]

No obstante, sí hubo una diferencia notable entre los grupos que escribieron y los que solo hablaron. Los participantes del grupo que habló calificaron la tarea como más difícil que quienes escribieron al respecto. Para los participantes fue más fácil escribir acerca de sus metas de vida que hablar de ellas. Y, para mí, eso tuvo todo el sentido del mundo. Por ejemplo, si te pido que multipliques 19 por 87 y que uses papel y lápiz para llegar a tu respuesta, verás que se trata de un ejercicio de lo más simple. Sin embargo, si insisto en que hagas la misma multiplicación pero que te limites a ir diciendo cómo llevas a cabo el proceso, te resultará mucho más difícil. Probablemente te des cuenta de que la operación tomó casi todos tus recursos mentales y que, de todos modos, quizá no hayas llegado a la respuesta correcta.

Es mucho más fácil que estructuremos nuestros pensamientos cuando los escribimos que cuando hablamos de ellos; por esa misma razón, suelo recomendarles a mis clientes que escriban —o tecleen— sus metas de vida en lugar de discutirlas o de simplemente pensar acerca de ellas en privado.

Es mucho más fácil que estructuremos nuestros pensamientos cuando los escribimos, que cuando hablamos acerca de ellos.

Al igual que con el ejercicio de ecforia con el que iniciamos el capítulo, resulta algo difícil creer que un humilde ejercicio de escritura pueda proteger nuestra salud física por al menos tres meses, pero lo logra.

Visualización del futuro para mejorar tu salud

Existen investigaciones muy sólidas que muestran que el estrés aumenta las probabilidades de que las personas experimenten problemas de salud. Por ejemplo, un estudio británico que llevó a cabo un seguimiento de 7 268 hombres y mujeres a lo largo de un periodo de 18 años encontró que las personas que dijeron que el estrés afectaba su salud «mucho o de manera extrema» se encontraron en el doble de probabilidades de morir a causa de alguna enfermedad cardiaca que quienes informaron no percibir los efectos del estrés sobre su salud.[10] Resulta evidente que el estrés puede ser cosa seria.

Pero estudios llevados a cabo por múltiples grupos de investigadores han encontrado que un sencillo ejercicio puede tener beneficios mensurables para la salud de las personas. Cierto, no es un pequeño ajuste ultrarrápido que se puede hacer en pocos minutos, pero ¿no crees que valga la pena invertir veinte minutos de tu tiempo, que sigue siendo una mera fracción de tu día, para darle un impulso significativo a tu salud?

Para que trates de hacer el ejercicio, puedes analizar las siguientes instrucciones, que se basan en las pautas que utilizaron Tobias Teismann y sus colaboradores.

> Imagina que es tu cumpleaños 75 y que organizaste una fiesta para todas las personas importantes de tu vida. Todo en tu vida ha salido de maravilla y alcanzaste todas las metas que te planteaste. Ahora, imagina que tus invitados están haciendo discursos sobre ti y la vida que has llevado. ¿Qué dirían tus invitados acerca de ti?

Recuerda que los participantes en el experimento de Steve Harrist informaron que les fue más fácil llevar a cabo el ejercicio por escrito; sin embargo, su estudio también encontró que se podía obtener el efecto protector si se hablaba acerca de la vida futura. Aunque, por supuesto, para hacerlo así tendrás que encontrar a alguna amistad que esté dispuesta a escucharte por esa cantidad de tiempo.

¿Por qué reduce el estrés escribir acerca de las metas a futuro? Cuando les recomiendo este ejercicio a mis clientes es frecuente que me digan que les recuerda lo que de veras es importante y, por ende, lo que no lo es. El ejercicio les ayuda a dejar de lado actividades menos críticas que quizá los estén distrayendo de lo que realmente importa. Otros clientes me dicen que les ayuda a mantener las cosas en perspectiva, a fortalecer su determinación y a mantenerse motivados.

En esta época, casi todo el mundo está tan ocupado que es fácil dejarse llevar por las cosas que hay que hacer, por el trabajo y simplemente por correr, correr y correr para mantenernos al tanto de todas las cosas que sentimos que deberíamos estar haciendo. Pero parece que centrarnos en lo que importa y en lo que tiene significado nos puede ayudar a inocularnos contra el estrés e, incluso, a proteger nuestra salud física. De modo que considera que este ejercicio de escritura es el tipo de actividad importante que bien podría valer la pena incluir en tus planes.

> **Centrarnos en lo que importa y en lo que tiene significado nos puede ayudar a inocularnos contra el estrés e, incluso, a proteger nuestra salud física.**

Llevarle ventaja a la tecnología

Hay ocasiones en que la ciencia ofrece soluciones que pueden parecer de lo más triviales. Como ejemplo, permíteme que te presente cuatro soluciones posibles para reducir el estrés en el trabajo. Se ha demostrado que una de ellas es un método comprobado para ayudar a las personas a sentirse menos estresadas. ¿Puedes adivinar cuál es?

Aquí están los candidatos:

- Apaga tu teléfono inteligente por tan solo veinte minutos durante cada día de trabajo.
- Revisa tus correos electrónicos menos veces a lo largo del día.
- Retira cualquier tipo de reloj de alrededor de tu escritorio.
- Reduce 20% el número de amigos que tienes en Facebook.

Entonces, ¿cuál de las cuatro acciones crees que los científicos han demostrado que reduce el estrés que las personas experimentan en el trabajo? Anda, haz tus apuestas.

Después de todo, se ha discutido ampliamente —y no solo en la prensa popular, sino también entre los académicos serios—

el tema de que las personas se están volviendo cada vez más dependientes o incluso adictas, a sus teléfonos inteligentes. Muchos trabajadores se quejan del tremendo volumen de correos electrónicos que reciben. Sí, el correo electrónico es un método para mandar información casi a cualquier parte del mundo de manera instantánea; pero no es frecuente que oigas a las personas hablar de lo mucho que están deseando abrirse paso por las bandejas de entrada de sus cuentas de correo.

Eliminar cualquier tipo de reloj de las inmediaciones de tu escritorio es solo algo que se me ocurrió de la nada. Y mientras que reducir el número de amigos de Facebook podría o no resultar benéfico, la realidad es que no conozco ningún estudio que haya comprobado que eso tenga un efecto para eliminar el estrés.

De hecho, lo que puede reducir tu nivel de estrés es revisar tu correo electrónico con menos frecuencia. De nuevo, esto se comprobó en un estudio experimental. En este caso, Kostadin Kushlev y Elizabeth Dunn, científicos psicólogos de la Universidad de Columbia Británica, obtuvieron permiso para monitorear los niveles diarios de estrés y bienestar de 124 empleados por un periodo de dos semanas.

Durante una semana, se alentó a los participantes para que revisaran sus cuentas de correo electrónico la cantidad de veces que quisieran. Durante la segunda semana, se les indicó que revisaran su correo solo tres veces al día, y que el resto del tiempo mantuvieran cerradas sus cuentas de correo y apagaran cualquier alerta de nuevos correos.

Al analizar los resultados, los investigadores descubrieron que revisar el correo electrónico menos veces al día se asoció con una amplia variedad de beneficios. En esos días, los participantes informaron sentirse significativamente menos estresados; en particular, se sintieron menos tensos. Pero también afirmaron sentirse más productivos y más socialmente conectados con las personas a su alrededor; incluso informaron que durmieron de manera significativamente mejor por las noches.

Cierto, ninguno de estos cambios fue enorme; no obstante, fueron de la magnitud suficiente para poderse medir, y todo tan solo por revisar sus cuentas de correo menos veces al día y por apagar todas las funciones de correo el resto del tiempo.

Los investigadores también les pidieron a los participantes que informaran el número de veces que de hecho revisaban sus correos electrónicos a diario. En promedio, las personas reportaron que revisaban sus bandejas de correo alrededor de 13 veces al día cuando se les daba permiso ilimitado para hacerlo y alrededor de cinco veces al día cuando, en realidad, se les dijo que lo revisaran solo tres veces. Aunque la mayoría de los participantes no se ajustó a la restricción de tres veces por día, de todos modos informaron tener beneficios en términos de menos estrés, mayor productividad, sentimientos de conectividad social y mejores noches de sueño.[11]

Entonces, ¿podrías limitarte a revisar tu correo solo cinco veces al día? ¿Quizá cuando acabes de llegar a la oficina; después, a las once; a la hora de la comida; a las tres de la tarde y una última vez antes de salir del trabajo?

Por supuesto, este es un consejo que sigo yo mismo. En cuanto me siento frente a mi computadora, reviso mi correo electrónico, pero después cierro la aplicación del correo antes de ponerme a hacer cualquier otra cosa; por ejemplo, crear diapositivas para la presentación de un taller para un cliente o escribir el capítulo de un libro. El no recibir notificaciones significa que me puedo concentrar de lleno en lo que sea que quiero hacer. Después, espero hasta que haya terminado una buena cantidad de trabajo antes de darme permiso para volver a revisar mis correos.

¿Por qué se reduce el estrés cuando revisamos nuestro correo con menos frecuencia? Quizá tenga mucho que ver con lo que se denomina costos de cambio. Los psicólogos saben que, usualmente, existe un costo cognitivo cada vez que cambiamos de una tarea a otra.

Imagina por un momento que estás escribiendo un informe y recibes una alerta que te indica que acaba de llegar un nuevo correo a tu bandeja de entrada. Sin embargo, lidiar con el correo entrante podría interrumpir tus procesos de pensamiento en cuanto al informe. Tal vez hayas tenido una buena idea que después no podrás recordar, o tal vez te tome solo un par de segundos volverte a concentrar en el propósito y contenido de tu informe.

En cualquier caso, esos momentos perdidos representan un costo de cambio. Se han hecho docenas de investigaciones que examinan los costos de cambio de todo tipo de tareas diferentes y la poderosa conclusión a la que llegaron es que las personas son, de hecho, más lentas, menos precisas, o ambas cosas, cada vez que tienen que hacer la transición de una tarea a otra.

Muchas de las personas con las que trabajo se quejan del volumen de correos que deben enfrentar a diario; la mayoría recibe docenas y docenas, mientras que algunos incluso reciben cientos. Suma todas esas interrupciones cotidianas debidas a los correos y podrías acumular una cantidad de tiempo que represente un verdadero golpe a tu desempeño, productividad y niveles de estrés.

Suma todas esas interrupciones cotidianas debidas a los correos y podrías acumular una cantidad de tiempo que represente un verdadero golpe a tu desempeño, productividad y niveles de estrés.

Ahora bien, es posible que estés pensando que no hay manera en que puedas revisar tus correos menos veces al día. Solo recuerda que el estudio encontró que, en general, los 124 trabajadores que intentaron hacerlo reportaron múltiples beneficios en términos de reducciones de estrés e, incluso, mejoras en la calidad de su sueño. De modo que, ¿qué tienes que perder si lo intentas?

Replanteamiento de la experiencia del estrés y de las emociones fuertes

¿Alguna vez te has sentido no solo un poco estresado, sino bastante angustiado o, incluso, abrumado por el trabajo? A mí no me ha sucedido ya por muchos años, pero hubo una ocasión en la que cerré la puerta de mi oficina, me senté en el piso recargado contra la misma, y me puse a llorar.

Esto fue al principio de mi trayectoria profesional, cuando estaba a mediados de mis 20. Estaba trabajando para una pequeña empresa de consultoría y por un buen tiempo me había sentido poco apoyado y, lo que es más, socavado por el presidente de la empresa.

Pero un incidente específico desencadenó todo el episodio. El *Financial Times*, posiblemente la publicación de negocios de mayor prestigio en el Reino Unido, había acordado publicar un artículo que yo escribí acerca de la psicología de los líderes y sus equipos. Se trataba de un logro importante ya que ni uno de mis compañeros de trabajo había logrado algo similar. Pero cuando se lo conté al presidente de la empresa, me ordenó que quitara mi nombre del artículo y que lo sustituyera por el de una de mis colegas.

Yo había invertido horas vendiéndole la idea al editor del periódico, investigando el tema y escribiendo acerca del mismo, pero el presidente de la compañía insistió en que una de sus empleadas favoritas, que ni siquiera *sabía* del artículo y que mucho menos había contribuido al mismo, era quien debía aparecer como autora.

Ya de por sí me había estado sintiendo desmoralizado, pero esto me pareció increíblemente injusto. Y no pude evitar soltarme a llorar en el trabajo, aunque solo mi compañero de oficina, un buen amigo mío, me vio haciéndolo.

A menudo, comunicar nuestra angustia y compartirla con otros —por ejemplo al hablar de ella, al quejarnos con nuestros colegas o, incluso, al llorar— puede ser una manera de sentirnos mejor.

En una revisión de la evidencia existente, las investigadoras Eileen Kennedy-Moore y Jeanne Watson concluyeron: «En la vida diaria, las personas buscan oportunidades para hablar acerca de sus sentimientos» y que «las expresiones emocionales pueden ser un medio para aliviar la angustia».[12]

Si alguna vez te has quejado con un colega o te has puesto a llorar, sabrás lo catártico que puede ser expresar tu angustia.

Pero quizá sepas esto de primera mano. Si alguna vez te has quejado con un colega o te has puesto a llorar, sabrás lo catártico que puede ser expresar tu angustia, permitirte parecer triste o ansioso o frustrado en lugar de fingir que todo está bien.

Por desgracia, hacer lo que se siente bien no siempre es bueno para tu trayectoria profesional. Para bien o para mal, hay infinidad de gerentes que creen que las emociones no tienen cabida en el trabajo; y definitivamente no las emociones negativas, en todo caso. Tal vez se sientan avergonzados o incómodos al ver muestras visibles de angustia en otros. Después de todo, es frecuente que las emociones se vean como lo contrario del pensamiento racional. Y, sin lugar a duda, el trabajo tiene todo que ver con hacer lo que es racional y lógico, ¿o no?

De modo que tenemos un problema. Por un lado, las investigaciones psicológicas sugieren que hablar de nuestros problemas, quejarnos e incluso llorar puede ayudar a que nos sintamos mejor; pero por otro lado las reglas informales del trabajo nos dicen que debemos mantener en privado los sentimientos negativos y las muestras de emoción.

> **Las reglas informales del trabajo nos dicen que debemos mantener en privado los sentimientos negativos y las muestras de emoción.**

Un cuarteto de investigadoras lideradas por Elizabeth Baily Wolf, de la Facultad de Negocios de Harvard, se preguntó si podría haber una solución para el problema. Piensa en el siguiente párrafo, que las investigadoras les mostraron a poco más de cincuenta empleados estadounidenses:

> Samuel trabaja en el departamento de publicidad de una gran empresa. En este momento, está trabajando en un equipo con tres compañeros. Samuel está cada vez más a disgusto con la dinámica del equipo. Un día se desmorona y empieza a llorar frente a sus compañeros de trabajo. Esconde el rostro entre las manos y dice «Lo siento. Es solo que esto me pone muy sentimental».

Un segundo grupo, de nuevo de alrededor de cincuenta empleados, lee un párrafo casi idéntico:

> Samuel trabaja en el departamento de publicidad de una gran empresa. En este momento, está trabajando en un equipo con tres compañeros. Samuel está cada vez más a disgusto con la dinámica del equipo.

Un día se desmorona y empieza a llorar enfrente de sus compañeros de trabajo. Esconde el rostro entre las manos y dice «Lo siento. Es solo que esto me apasiona enormemente».

Y hay un tercer grupo que lee otro párrafo más, también ligeramente distinto:

Samuel trabaja en el departamento de publicidad de una gran empresa. En este momento, está trabajando en un equipo con tres compañeros. Samuel está cada vez más a disgusto con la dinámica del equipo. Un día se desmorona y empieza a llorar enfrente de sus compañeros de trabajo. Esconde el rostro entre las manos y dice «Lo siento».

¿Puedes detectar la diferencia entre los tres? En el primer caso vemos que Samuel indica que se «pone sentimental». En el segundo párrafo se describe a sí mismo como «apasionado» y en el tercero se disculpa, pero no ofrece razón alguna por su muestra de emoción.

No parece tratarse de una enorme diferencia; es más una ligera alteración en las palabras que algo realmente significativo. Pero este pequeño cambio en el fraseo tuvo efectos mensurables. Los participantes que leyeron que Samuel se sentía «apasionado» lo calificaron de manera significativamente más positiva que cuando leyeron que se ponía «sentimental» o cuando no dio una explicación adicional. Afirmaron que Samuel parecía ser más poderoso y más merecedor de estar en una posición de liderazgo. También afirmaron que daba la impresión de ser más competente, capaz, seguro de sí e, incluso, inteligente.

Cuando las investigadoras llevaron a cabo estudios adicionales con personas verdaderas que narraban anécdotas en las que habían mostrado sus sentimientos en el trabajo, encontraron resultados parecidos. Las personas que atribuían sus alteraciones emocionales a la pasión obtuvieron calificaciones más positivas que aquellas personas que tan solo culparon a sus emociones.

Las personas que atribuían sus alteraciones emocionales a la pasión obtuvieron calificaciones más positivas que aquellas personas que tan solo culparon a sus emociones.

Pero las investigadoras no se detuvieron allí. Tenían otro conjunto de preguntas: ¿exhibir una emoción negativa en el trabajo es bueno de alguna manera? ¿O deberíamos tratar de ocultar nuestras emociones y punto? De modo que condujeron un experimento final.

En esta ocasión, las investigadoras crearon tres historias relacionadas con un individuo ficticio que indicaba que se había sentido «alterado». En una versión, el individuo afirmaba que estaba así de alterado por «sentirse tan apasionado debido a» una situación del trabajo. En una segunda versión, el individuo no decía nada adicional. Y en la tercera versión, el individuo afirmó que se sentía alterado pero que había «ocultado sus sentimientos frente a sus compañeros de trabajo» de manera exitosa.

Al igual que en la ocasión anterior, el individuo que se sintió «apasionado» recibió calificaciones superiores que aquel que no dijo nada acerca de las razones por las que se sentía alterado. Pero, en esta ocasión, fue el individuo que ocultó sus sentimientos quien recibió las calificaciones más elevadas.[13]

En otras palabras: sí, atribuir una muestra o explosión de sentimientos negativos a la pasión por el trabajo puede hacer que las cosas marchen mejor que si no se dice nada en absoluto; pero lo ideal es ocultar los sentimientos negativos por completo.

Me encantaría poder informarte que es algo bueno expresar tu tristeza, ansiedad, frustración y preocupaciones en el trabajo. Pero no es así. A fin de impulsar tu trayectoria profesional, parece que lo mejor es ocultar cualquier sentimiento negativo que pueda estar agitándose en tu interior. Si te sientes decepcionado, avergonzado, alterado o abrumado, trata de fingir que no es así.

A fin de impulsar tu trayectoria profesional, parece que lo mejor es ocultar cualquier sentimiento negativo que pueda estar agitándose en tu interior.

Sin embargo, si te encuentras en la situación en que tus emociones te ganan y las expresas en un entorno público, explica que te sientes así únicamente por la increíble pasión que sientes respecto a tu trabajo. Di que tus clientes, compradores, colegas o trabajo mismo simplemente significan todo para ti y, de esa manera, por lo menos podrás recuperar algo de tu prestigio frente a tus colegas.

Replanteamiento público de la angustia como pasión

Hay veces en que el trabajo puede ser increíblemente estresante, pero este consejo tiene que ver de manera específica con cómo hacer que tu angustia sea más tolerable para tus colegas o clientes.

Si tienes la fortuna suficiente de jamás exhibir tu tristeza, frustración o ansiedad frente a otros, este consejo no te será necesario.

Idealmente, deberías poder ocultar tus emociones negativas por completo, pero la vida no siempre es ideal, ¿verdad? Si en alguna ocasión dejas entrever tus emociones en público, recuerda explicar tus sentimientos en términos de lo apasionado que eres; por ejemplo, de lo mucho que tu trabajo significa para ti o de lo mucho que te importan tus clientes.

Y eso es todo. Hazlo y ayudarás a tus colegas a percibirte como competente y capaz, en lugar de carente de control sobre tus emociones.

Aprende a revalorar y replantear tus atributos positivos

¿Alguna vez has sufrido de acoso o de hostigamiento o te han puesto apodos peyorativos? Quizá alguien te molestó a causa de tu peso, de tu estatura, de la verruga que tienes en el rostro, por el color de tu cabello o por algún otro rasgo físico. Tal vez seas mujer y te hayas visto sobajada y marginalizada por los hombres. Posiblemente tengas alguna discapacidad o pertenezcas a una minoría étnica, religiosa o cultural que haya ocasionado que algunas personas se hayan comportado de manera desagradable hacia ti. O perteneces a la comunidad lesbiana, gay, bisexual, trans o *queer*. Las personas mayores, las personas jóvenes, aquellos con trastornos mentales y los individuos de distintas clases sociales también sufren de burlas y, por supuesto, todo lo anterior puede ser más que estresante.

Solo pregúntaselo a cualquier persona negra a la que hayan llamado «prieto» o *nigger*, a cualquier mujer a la que han tildado de «perra» o a cualquier hombre homosexual al que hayan llamado «marica». O tal vez seas un contador, un ingeniero de *software* o un consultor de informática al que tachan de *nerd* o *geek*.

Existen individuos, así como grupos sociales, que defienden la reapropiación de este tipo de etiquetas despectivas. Por ejemplo, es frecuente que las estrellas de *rap* se refieran a sí mismas y a sus amigos con derivados de la palabra *nigger*. La cantautora estadounidense Meredith Brooks lanzó una canción titulada «Bitch» en la que triunfalmente proclama «Soy una perra», y muchos activistas gay apoyan el uso de la palabra *queer* para transformarla de insulto a motivo de orgullo.

Fantástica idea... pero ¿realmente funciona esta técnica de etiquetación propia?

Un equipo de investigadores encabezado por Adam Galinsky, de la Universidad de Columbia, reclutó a cientos de individuos para una serie de estudios en los que se exploró precisamente esta pregunta. Y sus resultados respaldaron la reapropiación de los epítetos. Por ejemplo, en un experimento encontraron que los participantes que de manera deliberada habían elegido etiquetarse con estas palabras peyorativas dijeron sentirse decididamente más poderosos que otros participantes que se limitaron a recordar ocasiones en que se les había atacado con las mismas. Y en otro experimento adicional, observadores indicaron que también percibían como más poderosas a las personas que se etiquetaban a sí mismas de esa manera.[14]

Ambos trozos de evidencia son importantes. Retomar el control al elegir aplicarse una etiqueta negativa podría no solo ayudar a las personas a sentirse más poderosas, sino que también podría ayudar a que parezcan más poderosas ante los ojos de los demás.

Retomar el control al elegir aplicarse una etiqueta negativa podría no solo ayudar a las personas a sentirse más poderosas, sino que

también podría ayudar a que parezcan más poderosas ante los ojos de los demás.

Aduéñate de los términos despectivos

Un viejo dicho inglés afirma: «Palos y piedras podrán romperme los huesos, pero las palabras jamás podrán herirme». La implicación es que los ataques físicos pueden producir dolor y angustia, pero que las simples palabras no pueden hacer ningún daño. Es una idea maravillosa, pero por supuesto sabemos que nada de eso es cierto, porque, claro está, las palabras *pueden* ser hirientes.

Si te sientes estresado porque las personas te están insultando con algún epíteto, intenta autoetiquetarte con el mismo. En lugar de tratar de negar la palabra, haz el intento de apropiarte de ella, usa ese término para referirte a ti mismo. Enorgullécete de pertenecer a ese grupo y considera que tu pertenencia al mismo —ser mujer, ser de un origen étnico distinto, ser gay y demás— es algo que te da una perspectiva única acerca del mundo, además de que también te brinda fortalezas diferentes.

Simplemente ten en cuenta las investigaciones científicas: las personas que recordaron momentos en que utilizaron esta técnica se sintieron más poderosas.

Arriba y adelante

- Recuerda que tu nivel de estrés importa tanto a nivel fisiológico como psicológico. Mientras más estrés experimentes, mayores serán las probabilidades de que padezcas de mala salud, así como de enfermedades que van desde colitis a cardiopatías. Enfrentarte al estrés y ayudarte a sentirte mejor puede tener beneficios reales para tu salud física y mental.
- Para recuperarte más rápidamente del estrés, considera utilizar la técnica de ecforización. Reúne los indicios que desees —fotografías, objetos que tengan un significado especial para ti, o incluso algunas palabras o frases— que te permitan accionar la rememoración de recuerdos felices. Sé que suena demasiado fácil, pero créeme que existen investigaciones sólidas que demuestran que puede ser de ayuda para calmar los síntomas tanto físicos como mentales del estrés.
- Cuando tengas algo más de tiempo, invierte en el cuidado continuo de tu salud al escribir acerca de tu futuro y de cómo te gustaría que resultara tu vida. No es algo que puedas hacer en un par de minutos; lo más seguro es que te tome al menos de diez a veinte minutos de tu tiempo. De todos modos, recuerda que se ha mostrado que este ejercicio de una sola vez te ofrece beneficios que empiezan en el transcurso de apenas 48 horas y que pueden durar al menos tres meses.
- Cuando estés en el trabajo, apaga tus notificaciones de correo y revísalo menos. Los participantes que se limitaron a revisar sus correos electrónicos tan solo unas cuantas veces al día informaron sentirse menos estresados *y* más productivos. Incluso indicaron que durmieron mejor.
- Si tus colegas se percatan de que pareces abrumado por tu trabajo, evita decirles que te sientes estresado o angustiado. En lugar de eso, diles lo apasionado que te sientes. Este pequeño

cambio en la manera en que te expresas puede hacer que tus colegas te perciban de manera positiva.

- Por último, considera reapropiarte del lenguaje negativo con que puedan atacarte tus detractores en un intento por hacerte menos o por hostigarte. Si puedes sentirte orgulloso de tu unicidad, esto te ayudará a sentirte y a parecer considerablemente más fuerte y en control ante los ojos de los demás.

2

FORTALECE TU MOTIVACIÓN Y ALCANZA TUS METAS

> Una meta sin un plan
> no es más que un deseo.
>
> **ANTOINE DE SAINT-EXUPÉRY**

¿Qué es lo que más te gustaría cambiar de tu vida o de ti mismo? Quizá te interese un ascenso o un mejor trabajo en alguna otra empresa. Tal vez quieras ser exitoso y gozar de seguridad financiera. O posiblemente quieres encontrar a alguien especial, o alejarte de una situación infeliz.

Quizá el cambio tenga que ver con la forma en que piensas y te sientes acerca de ti mismo. Te gustaría ser más confiado, creativo, energético o tolerante. O tal vez menos impulsivo, temeroso, colérico o distraído. O tu meta podría tener que ver con una conducta en específico: gastar menos dinero, perder peso, aprender un nuevo idioma, dejar de fumar o cualquier otra cosa.

Establecemos metas porque queremos ser mejores de alguna manera. Sin embargo, la verdad es que el cambio no es fácil. Nada más piensa en todas las personas que conoces y que se plantean propósitos de Año Nuevo solo para darse por vencidos por allí a mediados de febrero, si no es que antes. O es posible que, en el pasado, tú también hayas intentado y fracasado.

Pero claro que *algunas* personas sí logran transformar sus vidas. Hay un buen número de individuos que bajan cantidades exorbitantes de peso, encuentran el amor, superan sus sentimientos de ansiedad, corren maratones, cambian de profesión, etcétera. Y además, los científicos de la psicología han estado encontrando de manera sigilosa varios ajustes, ejercicios y consejos prácticos para ofrecerles a las personas la máxima oportunidad posible para mantenerse motivados y lograr sus metas. Por ejemplo, resulta que ayuda empezar desde el principio y pensar en el fraseo y la naturaleza misma de tus metas. Así que pongamos manos a la obra.

> **Ayuda empezar desde el principio y pensar en el cómo y en la naturaleza de tus metas.**

Ir en busca de lo que quieres... en lugar de lo que no quieres

En términos de nuestra salud física, hay muchísimas metas que *deberíamos* estar buscando en la vida. A la mayoría de nosotros le iría bien reducir la ingesta de dulces, alcohol, sal y alimentos que contienen grasas trans procesadas. Las advertencias acerca del cáncer de piel (y del envejecimiento prematuro) nos dicen que deberíamos usar sombrero y mantenernos alejados del sol; o por lo menos que deberíamos cubrirnos con algún protector solar cuando nos asoleamos. Casi todos nosotros nos beneficiaríamos de hacer más ejercicio, comer algo más de verduras y acostumbrarnos a comer pescados azules o grasos con un poco más de frecuencia; ah y, sin duda, deberíamos dejar de fumar por completo.

En términos generales, estas metas pueden dividirse en dos categorías: lo que se debe hacer y lo que no. Pero dado que a los psicólogos nos gusta ser más específicos acerca de estas cosas, las llamamos metas de aproximación contra metas de evitación. En lenguaje técnico, las metas de aproximación tienen que ver con esforzarnos por obtener un desenlace positivo; las metas de evitación tienen que ver con esforzarnos por alejarnos de un desenlace negativo.

> **Las metas de aproximación tienen que ver con esforzarnos por obtener un desenlace positivo; las metas de evitación tienen que ver con esforzarnos por alejarnos de un desenlace negativo.**

Consideremos un par de ejemplos. Las metas de aproximación podrían incluir cosas como «Haz más ejercicio» y «Ponte un bloqueador solar cuando te asolees». En contraste, las metas de evitación incluyen «No fumes» y «No bebas alcohol entre semana».

Elegir una meta de aproximación contra una de evitación tiene que ver con decidir la forma en que quieres centrar tu atención. Por ejemplo, digamos que quieres ahorrar más dinero. ¿Qué sería mejor decir: «Ahorra más dinero cada mes» o «No gastes tanto dinero»?

Un experimento clásico encabezado por Andrew Elliot, de la Universidad de Rochester, se propuso responder justo esa pregunta. Los investigadores reclutaron a más de cien estudiantes de nivel medio superior para tomar parte en una prueba que consistía en la resolución de diez problemas. A los estudiantes se les dijo de manera específica que su desempeño se compararía con el de sus compañeros: «El propósito de este estudio es comparar a los estudiantes de nivel medio superior entre sí en cuanto a su capacidad para resolver problemas».

Entonces, a la mitad de los alumnos se les proporcionó una meta de aproximación. Se les dijo que la prueba era una oportunidad «para demostrar que son excepcionales solucionadores de problemas». A la otra mitad de los estudiantes se les dio una meta de evitación; se les indicó que la prueba les permitiría «demostrar que no son malos solucionadores de problemas».

A los alumnos se les dieron solo cinco minutos para completar la prueba. Sin embargo, ese fue tiempo más que suficiente para ver una clara diferencia en el desempeño de ambos grupos. Los estudiantes a los que se les proporcionó una meta de aproximación acertaron un promedio de 71% de los problemas. Sus compañeros, a los que se les dio una meta de evitación, tuvieron un desempeño muy inferior y solo alcanzaron puntuaciones promedio de 58 por ciento.[1]

Resulta evidente que establecer una meta de aproximación —demostrar que eran buenos solucionadores de problemas— ayudó a los estudiantes a tener un desempeño considerablemente superior. Este pequeño cambio de enfoque tuvo efectos mensurables.

Ahora bien, no estoy diciendo que siempre alcanzarás un incremento de 13% en tu desempeño, pero el mismo efecto se ha repetido una y otra vez en una variedad de situaciones. Hablemos de comer, por ejemplo. Las investigadoras Meredith David, de la Universidad Baylor, y Kelly Haws, de la Universidad Vanderbilt, analizaron la utilidad de las metas de aproximación contra las metas de evitación en la modificación de los patrones alimentarios de las personas a fin de ser más sanas.

Ambas investigadoras les pidieron a sus participantes que formularan metas de aproximación o evitación en relación a lo que debían o no debían comer. A los participantes que se les indicó centrarse en metas de aproximación se les dijo: «Listen el mayor número de alimentos que se les ocurra que deberían incluir en sus dietas o que deben intentar comer con mayor frecuencia mientras sigan su nuevo régimen. En otras palabras, los alimentos que sean FAVORABLES para su dieta». A los participantes que se les indicó formular metas de evitación se les dijo: «Listen el mayor número de alimentos que se les ocurra que deberían evitar o tratar de limitar mientras sigan su nuevo régimen. En otras palabras, los alimentos que NO sean favorables para su dieta».

No es un ejercicio difícil. Estoy seguro de que no tardarías en pensar en tus propias listas de alimentos favorables o no favorables.

Para resumir, las investigadoras hallaron que establecer metas de aproximación tendió a ser de mayor utilidad. Los participantes que listaron los alimentos que debían comer (p. ej. zanahorias, manzanas y brócoli) típicamente demostraron un mayor autocontrol que los participantes que listaron alimentos que debían evitar (p. ej. pastel, papas a la francesa y chocolate). No fue más que una pequeña diferencia, pero de todos modos fue posible medirla.[2]

Las metas de aproximación típicamente conducen a mejores resultados.

¿Cuál es la razón por la que las metas de aproximación típicamente conducen a mejores resultados? Las investigadoras del experimento alimentario, David y Haws, sugirieron que tratar de resistirse a los alimentos poco saludables podría conducir a una obsesión relacionada con los alimentos prohibidos, así como a un intenso deseo por ingerirlos. Piénsalo: si de manera constante te recuerdas a ti mismo que *no* debes comer pastel, la realidad es que estás pasando una enorme cantidad de tiempo pensando en el pastel. Y si piensas cómo evitar el pastel durante tanto tiempo, de todos modos no te estás planteando una meta más productiva en relación a lo que deberías estar comiendo. Al parecer, la táctica más exitosa podría ser que te enfoques en lo que *sí* puedes consumir: manzanas, plátanos o, tal vez, pastillas para refrescar el aliento.

Esfuérzate por alcanzar el éxito, no por evitar problemas

En términos generales, las personas que establecen metas de aproximación tienden a lograr más que aquellas que se plantean metas de evitación. Recuerda que las metas de aproximación implican fijar la mirada en las cosas que se quieren lograr, mientras que las metas de evitación implican mantenerse alejado de los desenlaces poco atractivos o, incluso, dañinos.

Entonces, ¿cómo deben frasearse las metas? Por ejemplo, si estás tratando de dejar de fumar, no te propongas «Deja de fumar cigarrillos». Intenta reemplazar la acción con un comportamiento más positivo como «Masca más chicle» o «Bebe tres sorbos de agua» cuando sientas ansias de un cigarro.

En tu trabajo o vida personal, evita metas tales como «No seas impaciente» o «No digas alguna tontería». Trata de centrar tu atención en un comportamiento más productivo. Podrías tratar con algo como: «Respira hondo cinco veces», o en las juntas pide un poco más de tiempo y di: «Déjenme pensar en ello un instante».

Hace poco diagnosticaron a uno de mis amigos con cáncer de piel. Esto impulsó a su mujer a tratar de cuidar su propia piel y, al principio, decidió utilizar bloqueador solar para «evitar quemaduras y no arriesgarme a un cáncer». No obstante, le sugerí que lo viera de otra manera: ¿por qué no mejor pensar en la meta de «mantenerse joven»? Estuvo de acuerdo con que era una mejor manera de pensarlo; y, por supuesto, hacer el intento por conservar su belleza suena más a una meta de aproximación.

Esto no significa que *jamás* establezcas metas de evitación. La ciencia no está indicando que las metas de evitación siempre sean ineficaces. En términos de metas para una alimentación más saludable, por ejemplo, David y Haws tan solo informaron que «aunque puede resultar de utilidad comprender el tipo de conductas (o alimentos) que se deberían evitar o minimizar, la desventaja de este tipo de estrategia es que puede ser más difícil implementarla y sostenerla de manera efectiva». De modo que las metas de evitación podrían resultar más difíciles, aunque no imposibles, de poner en práctica.

En todo caso, estoy seguro de que entendiste la idea. Si puedes, aspira a lograr algo positivo, en lugar de tratar de evitar las cosas que temes o que te desagradan.

> **Aspira a lograr algo positivo, en lugar de tratar de evitar las cosas que temes o que te desagradan.**

Aprovecha el poder de las negativas empoderadas

¿Alguna vez has estado en una situación en la que amigos o colegas traten de presionarte a hacer algo que no va del todo con tus metas? Quizá te estén tentando o estén burlándose de ti porque es algo que les conviene. Por ejemplo, tal vez estés tratando de beber menos alcohol, pero tus colegas te están alentando a beberte solo una más para sentirse menos culpables de seguir bebiendo. O tal vez te gustaría quedarte en casa a estudiar, pero tus amigos quieren que mejor salgas con ellos a divertirte.

En estas situaciones no basta solo tener metas que te guardes para ti. Hay veces en que quizá necesites poder comunicarles a otras personas exactamente lo que deseas; o lo que no deseas. Y las investigaciones nos indican que otro truco lingüístico más podría ayudarte a fortalecer tu determinación.

> **Hay veces en que quizá necesites poder comunicarles a otras personas exactamente lo que deseas; o lo que no deseas.**

Los científicos Vanessa Patrick, de la Universidad de Houston, y Henrik Hagtvedt, de la Universidad de Boston, llevaron a cabo diversos experimentos en los que analizaron la manera en que el uso del lenguaje de las personas puede ayudarlas a resistirse a la tentación. En un estudio, le enseñaron a un grupo de veinte mujeres adultas una de dos estrategias para mantenerse firmes en cuanto a sus metas.[3]

A la mitad de las mujeres se le enseñó a resistirse a cualquier tentación que se cruzara en su camino mediante el uso de la palabra «no» (p. ej. al decir: «No veo varios capítulos de una serie de televisión de una sola sentada», «No como alimentos azucarados» y «No me permito holgazanear»). A la otra mitad de las mujeres se les dijo que se resistieran a la tentación por medio del uso de la frase «no puedo» (p. ej. al decir: «No puedo ver varios capítulos de una serie de televisión de una sola sentada», «No puedo comer alimentos azucarados» y «No puedo permitirme holgazanear»).

Durante los siguientes diez días, se les pidió a todas las mujeres que informaran de su progreso por medio del uso de cualquiera de las estrategias verbales que se les habían enseñado. Y resultó que hubo una notable diferencia entre las dos tácticas.

Para el décimo día, ocho de las participantes a las que se les enseñó a utilizar la palabra «no» seguían empleando la misma estrategia. Sin embargo, solo una de las participantes a las que se les enseñó a decir «no puedo» siguió utilizándola para el décimo día; todas las demás mujeres habían dejado de hacerlo.

Es una diferencia enorme, ¿no crees? Utilizar la palabra «no» fue ocho veces más popular que utilizar la frase «no puedo» para resistirse a la tentación.

Patrick y Hagtvedt se preguntaron si este era un efecto robusto. De modo que llevaron a cabo más experimentos con personas diferentes y en situaciones distintas; pero siempre obtuvieron resultados semejantes.

Las investigaciones sugirieron que las personas que utilizan la palabra «no» tienden a sentirse más motivadas y en control; sienten que tomaron una decisión positiva y deliberada de no hacer algo. En contraste, las personas que utilizan la frase «no puedo» parecen estar implicando que hay alguien más —tal vez su pareja, sus amigos, sus familiares, sus colegas o la sociedad en general— que está al mando. Utilizar la frase «no puedo» hace sentir a las personas que se les está obligando a hacer algo en contra de su voluntad.

Las personas que utilizan la palabra «no» tienden a sentirse más motivadas y en control. En contraste, las personas que utilizan la frase «no puedo» parecen estar implicando que hay alguien más que está al mando.

Di «no» con determinación. Las investigaciones nos indican que resistir la tentación diciendo «no» es más empoderador, en términos psicológicos, que decir «no puedo». Así que puedes utilizar esto de múltiples maneras.

Resulta evidente que puedes utilizarlo para resistirte a las tentaciones que amenacen con descarrilarte de tus metas. Si estás tratando de dejar de fumar, diles a las personas «No fumo», en lugar de «No puedo fumar». Resultas más asertivo. El mensaje implícito que estás enviando cuando dices «no» es que esta negación es parte de tu identidad estable, inalterable y continua. En contraste, decir «no puedo» sugiere que hay alguien o algo ajeno a ti que te está impidiendo hacerlo y que quizá se te podría convencer de romper las reglas si te insisten lo suficiente.

Utilizar «no» es una estrategia que funciona, ya sea que te estés negando a una tentación en voz alta frente a otras personas, o que solo estés tratando de darle mayor fuerza a tu propia determinación. Por ejemplo, supón que estás tratando de motivarte a estudiar o a ir al gimnasio en lugar de sentarte en un sillón a ver Netflix. Dite «No me la paso sentado viendo Netflix; me voy a poner a estudiar», en lugar de «No me la puedo pasar sentado viendo Netflix; me voy a poner a estudiar».

En efecto, parecería una diferencia lingüística diminuta, pero la ciencia de la psicología nos dice que es un cambio que podría potenciar tu motivación un poco más para ayudar a mantenerte firme en cuanto a tus metas.

Después de aprender acerca del principio de usar «no» en lugar de «no puedo», es frecuente que me tope con ejemplos de lo mismo. Hace un par de meses, trabajé con un cliente que me dijo que ya no bebe alcohol porque es un alcohólico en recuperación.

No me dijo que «no puede» beber. Cuando dijo «No bebo» estaba mandando un mensaje claro en cuanto a que el alcohol ya no era una opción para él bajo ninguna circunstancia. A causa de ello, no había bebido alcohol en más de cinco años.

> **Utilizar «no» es una estrategia que funciona, ya sea que te estés negando a una tentación en voz alta frente a otras personas, o que solo estés tratando de darle mayor fuerza a tu propia determinación.**

Especifica cuándo y cómo quieres triunfar

Hasta el momento he estado hablando acerca de las metas en términos más bien generales. Pero ahora seamos más específicos en cuanto a ti; en cuanto a tu vida y tus metas. ¿Exactamente qué quieres lograr, cambiar o mejorar?

En unos momentos te voy a contar acerca de un experimento de investigación, pero si quieres, podrías intentar este breve ejercicio. Tu tarea es pasar los siguientes noventa segundos pensando en el mayor número de metas que puedas. Sin embargo, el fin no es que generes una lista enorme. El límite de tiempo es solo para lograr que la tarea sea rápida y manejable.

Algunas de las metas pueden ser más o menos a corto plazo; cosas que tal vez desees llevar a cabo dentro de los siguientes días o semanas. Otras pueden ser proyectos que requieran de márgenes de tiempo más prolongados, como meses o incluso años. Y a fin de ayudarte a generar estas metas, utiliza la siguiente consigna:

En el futuro, será importante que yo...

Recuerda, solo hazlo durante minuto y medio y veamos qué se te ocurre.

¿Listo? ¡Adelante!

En un estudio reciente, Joanne Dickson, de la Universidad de Liverpool, y su colega Nicholas Moberly, de la Universidad de Exeter, les pidieron a varias docenas de personas que llevaran a cabo un ejercicio muy similar. A adultos de 18 a 81 años de edad se les dieron noventa segundos para pensar en el número de metas que desearan.

Pero el estudio tenía un giro. Cerca de la mitad de los participantes era un amplio rango de adultos tomados de comunidades locales. La otra mitad consistía en adultos bajo tratamiento por cuestiones de salud mental; específicamente, bajo tratamiento por depresión grave. Los investigadores tuvieron la corazonada de que las personas deprimidas tendrían un modo diferente de pensar acerca de las metas que querían alcanzar en su vida.

De manera inicial, los investigadores contaron el número de metas que produjeron ambos grupos y descubrieron que los dos generaron más o menos la misma cantidad. Los participantes deprimidos tenían casi el mismo número de metas que los adultos que no padecían depresión.

Al sospechar que la diferencia tendría más que ver con calidad que con cantidad, los investigadores les pidieron a dos jueces expertos que clasificaran las metas de cada participante como específicas o generales. Por ejemplo, las metas específicas podían incluir cosas como «Planchar la ropa la semana que entra», «Ir al gimnasio dos veces por semana» o «Ahorrar X cantidad de dinero para enero». En contraste, las metas como «Mantener la casa más limpia», «Ponerme en forma» y «Ahorrar más dinero» se considerarían de naturaleza general.

Y fue justo eso lo que diferenció a las personas deprimidas de aquellas que no lo estaban. Los participantes deprimidos tendieron a pensar en una mayor proporción de metas generales y menos en metas específicas.[4] Aunque las personas deprimidas lograron pensar en un número equivalente de metas, estas tendían a ser más generales, más ambiguas y, en potencia, más abiertas a discusión.

Este resultado señala algo intrigante. Sugiere que la depresión puede asociarse de alguna manera con una reducción en la capacidad para plantear metas específicas.

Pero, ¿cuál es la causa y cuál el efecto? ¿El inicio de una depresión hace que las personas sean menos capaces de generar metas específicas? ¿O tener metas más vagas hace que sea más probable que las personas no las alcancen y por ello se sentirán deprimidas?

Establecer metas más específicas en lugar de más generales ayuda a las personas a lograr más.

Si lo segundo es cierto, establecer metas más específicas en lugar de más generales debería ayudar a las personas a lograr más. Y eso es precisamente lo que decidió someter a prueba el investigador Christopher Armitage, de la Universidad de Sheffield. En particular, deseaba responder la pregunta: ¿establecer metas muy específicas ayudará a la gente a comer de manera más saludable?

Armitage empezó al reclutar a 120 estudiantes para, según les dijo, un estudio universitario de hábitos alimentarios. A todos los alumnos se les proporcionó un cuadernillo de preguntas que debían responder. Por ejemplo, contestaron preguntas tales como «¿Hasta qué grado te consideras capaz de comer una pieza adicional de fruta a diario durante las siguientes dos semanas?» y «¿Qué tan seguro te sientes de que podrás comer una pieza adicional de fruta a diario durante las siguientes dos semanas?».

Por supuesto, responder a estas preguntas hizo que los alumnos se hicieran mucho más conscientes de sus hábitos de alimentación. No obstante, en secreto, Armitage había dividido a los estudiantes en dos grupos. El primero (grupo control) solo respondió preguntas generales acerca de sus pensamientos, creencias y sentimientos relacionados con la ingesta de más fruta. El segundo grupo (experimental) respondió una pregunta adicional; su cuadernillo de preguntas decía:

Es más probable que usted ingiera una pieza adicional de fruta a diario si decide cuándo y dónde lo hará. Por favor, indique en el espacio en blanco dónde y cuándo comerá la pieza adicional de fruta durante las próximas dos semanas.

Es una petición relativamente simple, ¿no crees? No me queda la menor duda de que no te llevaría más que un par de segundos escribir ese tipo de meta.

Dos semanas después, cuando los investigadores les preguntaron a todos los alumnos que reportaran cuánta fruta habían comido en realidad, notaron una diferencia gigantesca. Mientras que los alumnos del grupo control comieron, en promedio, 8.2 piezas de fruta durante el periodo de dos semanas, los participantes del grupo experimental informaron que, en general, habían comido 14.3 piezas de fruta.[5]

A mi parecer, se trata un resultado bastante impresionante. En primer lugar, la diferencia entre 8.2 y 14.3 es más que decente. Pero, para mí, es relevante el hecho de que la intervención fuera tan sencilla: que los participantes especificaran cuándo y dónde se comerían la pieza adicional de fruta probablemente no les llevó más que unos segundos.

Es una petición bastante trivial, ¿verdad? Es posible que tú, en lo personal, no desees comer más fruta en tu vida, pero simplemente para ver cómo es que funciona lo anterior, imagina en este momento que quisieras comer una pieza adicional de fruta a diario. Ve si puedes determinar cuándo y dónde sería el mejor lugar donde comerte una manzana, un plátano, una naranja o cualquier otra cosa que te gustaría comer.

Si lo intentas, es probable que te venga una idea a la cabeza casi de inmediato. Y recuerda que en el estudio de Christopher Armitage, el tomarte unos segundos para anotarlo podría hacer una diferencia notable.

Convertir metas generales en acciones específicas

En jerga psicológica, una meta que vincula una conducta específica con una situación particular se denomina intención de implementación. En términos generales, el formato de una intención de implementación debe ser: *si sucede la situación A, entonces haré B.* A causa de esto, es frecuente que las intenciones de implementación también se llamen metas de «Si..., entonces...».

Por ejemplo, alguien que desea bajar de peso podría anotar un conjunto de intenciones de implementación como las que siguen:

- «Si regreso a casa del trabajo, entonces subiré y bajaré las escaleras durante cinco minutos».
- «Si es domingo, entonces iré al supermercado a comprar manzanas, lechuga, calabaza, camote, ejotes, aguacates y jitomates para que rindan toda la semana en el refrigerador».
- «Si Jessica me pide que comparta un postre con ella, entonces le diré: "Si quieres, cómete un postre tú, pero yo solo voy a pedir café, gracias"».

Alguien más que decidiera que quiere esforzarse para conseguir un ascenso podría utilizar este tipo de afirmaciones de «Sí..., entonces...»:

- «Si estoy al final de mi día de trabajo, entonces llevaré a cabo una revisión de mi progreso y haré una lista de prioridades para el día siguiente».
- «Si es sábado por la mañana, pasaré una hora leyendo artículos de *The Economist*, robyeung.com y theguardian.com».
- «Si es el último domingo del mes, pasaré treinta minutos planeando nuevas actividades de aprendizaje para el mes que viene y las escribiré en formato de intenciones de implementación».
- «Si mi jefe me pide que realice algún proyecto que no me ayude a obtener un ascenso, pediré un tiempo para pensar en ello e intentaré encontrar alguna manera de delegarlo a alguien más».

Me queda claro que el fraseo de estas metas de «Si…, entonces…» puede parecer un poco torpe o enredoso, pero espero que te puedas dar cuenta de que sí puedes utilizarlas en casi cualquier situación, sea que quieras hacer algo a diario, cada mes, en momentos específicos o incluso con solo algunas personas en particular. Y recuerda la imagen más general: hay un robusto conjunto de evidencia que muestra que pueden ser realmente benéficas en términos de incrementar tu motivación o para darte la mejor oportunidad de lograr el éxito.

Hay literalmente miles de estudios que muestran los beneficios del formato de intención de implementación con «Si…, entonces…». En verdad es una de las técnicas más poderosas en la investigación psicológica.

He escrito acerca de ellos en varios de mis libros, de modo que me disculpo si has leído uno o más de ellos y estás pensando, «¡Pero si el Dr. Rob ya escribió acerca de esto en un par de sus libros anteriores!». Sigo mencionando las intenciones de implementación en mis libros más nuevos no porque sea perezoso o porque se me hayan acabado las ideas nuevas, sino porque este es un método verdaderamente poderoso. Una vez que todo el mundo con quien me tope me diga que está usando el método de «Si..., entonces...», *entonces* dejaré de escribir al respecto.

En todo caso, te dejo con una idea final. Si llevaste a cabo el ejercicio de metas de noventa segundos al principio de esta sección, vuelve a examinar las metas que anotaste. Si escribiste cualquier meta general o vaga, ¿podrías volver a escribirla como una serie de intenciones de implementación altamente específicas?

> Existen miles de estudios que muestran los beneficios del formato de intención de implementación: «Si..., entonces...».

Retroceder para poder avanzar

Un número considerable de las personas que acuden a mí en busca de *coaching* y consejo lo hacen porque quieren obtener un ascenso. Por ejemplo, hablemos de Hamish. Era un gerente financiero de treinta y tantos años que estaba trabajando en un hospital y tenía la mirada puesta en obtener un cargo como director financiero. Durante nuestra primera sesión de *coaching*, me dijo que había solicitado más de veinte trabajos durante cerca de un año. Lo habían invitado a un par de entrevistas, pero no había vuelto a oír nada de la mayoría; por lo general ni siquiera se le daba aviso de que se había procesado su solicitud.

En poco tiempo establecimos que tenía una buena cantidad de trabajo que llevar a cabo para poder alcanzar su meta. Necesitaba fortalecer su perfil y reputación dentro del sector salud mediante más presentaciones en conferencias y otros eventos de la industria. Tampoco tenía muchas buenas conexiones con el tipo de personas que pudieran darle una mano, de modo que decidió que organizaría reuniones regulares durante desayunos y comidas para vincularse con más personas.

Se dio cuenta de que también había brechas en cuanto a su experiencia técnica y financiera, de modo que se comprometió a buscar tareas y proyectos específicos en su lugar de trabajo. Y en términos de solicitar trabajos, necesitaba rediseñar su currículum por completo, además de aprender formas diferentes de componer sus cartas de presentación. También era necesario que escribiera respuestas completas en prosa a posibles preguntas de entrevista y que las ensayara una y otra vez hasta que pudiera hablar acerca de su experiencia y logros de manera confiada.

En total, identificamos 14 tareas y proyectos —algunos de ellos pequeños y otros de mucha mayor envergadura— que necesitaría llevar a cabo antes de encontrar la mejor oportunidad posible para conseguir su ascenso. Pero en términos de organizar una programación de actividades para los meses siguientes, le sugerí que trabajara de atrás hacia adelante.

Era enero cuando nos reunimos por primera vez y él se planteó una fecha final agresiva: quería estar solicitando trabajos adicionales para fines de septiembre. Así que le sugerí que primero determinara qué era lo que tendría que estar haciendo en septiembre. Y después que se centrara en agosto, más adelante en julio y así sucesivamente.

Quizá no tengas interés en conseguir un ascenso, así que juguemos un poco con una meta hipotética diferente. Imagina por un momento que tienes el dinero suficiente para construir una casa, el hogar perfecto para ti y tu familia. ¿Cómo planearías el proyecto? ¿Empezarías desde el principio, tal vez haciendo planes para visitar distintos terrenos y completar los papeles necesarios para conseguir que se autorice la construcción? ¿O empezarías desde el final, pensando en cómo decorar y amueblar tu nueva casa?

Tu primera intención podría ser empezar desde el principio, pero los estudios más recientes acerca de la buena planeación sugieren que, de hecho, es una mejor idea empezar desde el final, en orden cronológico inverso.

Por ejemplo, un equipo de investigadores liderados por Jessica Wiese, estudiante de doctorado en la Universidad Wilfrid Laurier de Canadá, llevó a cabo cuatro experimentos en los que se les pidió a los participantes que planearan una variedad de proyectos, ya fuera de principio a fin o en orden cronológico inverso. Varios cientos de participantes elaboraron sus planes para diferentes proyectos, como organizar una cita romántica, completar un trabajo universitario y programar unas vacaciones.

En los diferentes experimentos, los investigadores hallaron que, en términos generales, les fue mejor a los participantes que llevaron a cabo una planeación hacia atrás: fueron más capaces de identificar obstáculos potenciales, de desglosar sus metas generales en pasos importantes y fueron más precisos al estimar el tiempo que realmente tardarían en finalizar sus proyectos. En contraste, los participantes que planearon a futuro fueron más propensos a tener proyecciones incorrectas, pues tendían a subestimar el tiempo que les llevaría finalizar el proyecto.[6]

Los estudios más recientes acerca de la buena planeación sugieren que, de hecho, es una mejor idea empezar desde el final, en orden cronológico inverso.

De modo que si estás planeando la manera en que debes alcanzar una meta, es posible que sea más inteligente y productivo que planees tu proyecto desde el final hacia atrás. Este truco puede ayudarte más a detectar problemas probables, a mapear las etapas principales de tu proyecto y a calcular con mayor precisión el cronograma adecuado para lograr hacer todo lo que se necesita.

Pero ahí no se acaba la cosa. Un artículo todavía más reciente, que apareció en la prestigiosa revista *Psychological Science,* comparó los efectos de la planeación hacia adelante y hacia atrás en participantes provenientes de Estados Unidos, de China y de Corea. Bajo la dirección de Jooyoung Park, investigador en gerencia en la Escuela de Negocios HSBC de la Universidad de Pekín en China, los investigadores encontraron que los participantes que llevaban a cabo una planeación hacia atrás también informaban sentirse más motivados con sus proyectos que aquellos que formulaban sus planes de manera más convencional. A causa de esto, los participantes que organizaban sus planes en sentido inverso también terminaban por obtener mejores resultados al final.[7]

La planeación inversa suena como una idea extraña, pero distintos estudiantes que llevaron a cabo diferentes tareas y proyectos en diversos países llegaron a conclusiones muy parecidas. La planeación inversa ayuda a las personas a crear cronogramas más realistas para sus proyectos y también potencia su motivación para realmente hacer todo lo que se requiere.

Así entonces, de regreso a mi querido cliente, Hamish, podrás ver las razones por las que le sugerí que planeara su campaña para obtener un ascenso en orden inverso. Y sean las que sean tus metas, es posible que tú también te beneficies de la planeación más concienzuda y de la motivación aumentada que proviene de adoptar este método, aunque suene contraintuitivo.

La planeación inversa ayuda a las personas a crear cronogramas más realistas para sus proyectos y también potencia su motivación para realmente hacer todo lo que se requiere.

Planeación de fin a principio

Hay algunas metas en la vida que quizá sean relativamente sencillas: no necesitarías dedicar gran cantidad de tiempo a formular un plan de acción si tu única meta es asistir al gimnasio dos veces por semana o reducir tu ingesta de alcohol. Sin embargo, cuando se trata de lograr algún objetivo más complejo en tu vida —como estudiar para un examen de titulación, planear una boda, cambiar de profesión, iniciar una familia, etcétera—, quizá valga la pena que te tomes más tiempo para formular tu plan y, a fin de que consigas la mejor de las oportunidades para alcanzar tus metas, la ciencia sugiere que las planees en sentido inverso: que pienses en las acciones que necesitas llevar a cabo en orden cronológico inverso.

Quizá podrías empezar con una lista detallada de las acciones que crees necesarias para poder llegar a tu meta final. En la etapa inicial, no pienses en cuáles van primero y cuáles después. Solo apunta todos los pasos en un documento.

Ya después, piensa en acomodar las diversas acciones en tu cronograma en orden inverso. Por supuesto, la fecha final dependerá de la magnitud y naturaleza del asunto. Organizar una fiesta para una docena de amigos quizá se lleve unos pocos días, pero encontrar un nuevo trabajo en otro país podría requerir de muchos, muchos meses.

Mientras estés tratando de decidir el orden inverso de las tareas, lo más seguro es que identifiques problemas, obstáculos u otras cosas que también necesites hacer, pero eso es algo bueno. Mejor identificar lo que podría suceder a principios de la planeación, que tener que enfrentarte a ello más tarde, cuando ya no te quede mucho tiempo.

No es necesario que le dediques mucho más tiempo a la planeación cronológica inversa que a la planeación más convencional.

No obstante, las investigaciones académicas sugieren que, de hecho, obtendrás resultados significativamente mejores gracias a ello.

Conserva tu motivación

Hasta este momento, en el capítulo hemos hablado de varios consejos y procedimientos que te ayudarán a formular tus metas y a planear la forma en que puedas lograrlas, pero ahora imaginemos que estás teniendo un progreso excelente hacia alguna meta en particular. Con el final a la vista, ¿qué será más probable?: ¿que lleves la cuenta de lo que ya lograste, o de lo que te falta por hacer?

Para explicarte a qué me refiero, consideremos una situación hipotética. Imagina que te has impuesto la meta de ahorrar una cierta cantidad de dinero; quizá para unas vacaciones o para comprarte algún otro lujo. Eso ya fue hace varios meses y ahora tienes guardado 75% de la cantidad. De modo que surge la pregunta: ¿tenderías a centrarte en el hecho de que ya estás a tres cuartas partes del camino hacia tu meta... o en que todavía te falta 25% del dinero que necesitas ahorrar?

Los psicólogos hacen una diferencia entre estos dos tipos de pensamiento, y los estudios sugieren que una de las modalidades de rastrear el progreso puede ser más benéfica para mantenernos motivados y acelerar nuestro progreso para alcanzar nuestras metas de vida.

La evidencia proviene de un equipo de investigación encabezado por Kyle Conlon, de la Universidad Estatal de Florida, quien monitoreó a un grupo de más de cien adultos con sobrepeso que emprendieron un programa de reducción de peso de 12 semanas de duración. Los participantes fueron asignados a uno de tres grupos posibles, de manera aleatoria.

Al primer grupo se le pidió que adoptara lo que llamaron un enfoque de logro; se les dijo que pensaran en el peso que habían logrado perder cada semana. Al segundo grupo se le indicó que adoptara lo que se conoce como enfoque de meta: hacían el seguimiento del peso que les faltaba por bajar a fin de alcanzar las metas totales de pérdida de peso. A los participantes del tercer grupo (control) no se les dio instrucción alguna en cuanto a cómo debían pensar acerca de su progreso.

Al final de las 12 semanas, los investigadores encontraron que los participantes a los que se les dijo que se centraran en lo que ya habían logrado bajaron, en promedio, 2.7% de su peso corporal. Sin embargo, los participantes que se centraron en sus metas, es decir, en la brecha que había entre donde se encontraban y lo que querían lograr en última instancia, redujeron su peso corporal en un promedio de 4.6 por ciento.[8]

Mientras tanto, los participantes del grupo de control, a los que no se les dieron instrucciones específicas acerca de cómo monitorear su progreso, perdieron solo 2.2% de su peso corporal. En otras palabras, los participantes que se centraron en lo que les faltaba para llegar a su meta fueron los que más progreso hicieron hacia sus metas.

Sin duda, centrarse en la meta es una estrategia más exitosa que centrarse en lo ya logrado cuando se hace un monitoreo del progreso, pero ¿por qué?

Conlon y sus colaboradores sugirieron que las personas que se centran en lo que ya lograron podrían sentirse más satisfechas y que ese sentido de satisfacción con su progreso podría llevar a cierta cantidad de autocomplacencia y, por ende, a una reducción en la motivación por seguir esforzándose. En contraste, las personas que se centran en lo que todavía les falta por hacer permanecen ligeramente insatisfechas y (en términos metafóricos) más hambrientas por lograr más. De modo que esta frustrante sensación de insatisfacción quizá le da a su motivación ese último empujoncito.

> **Centrarse en la meta es una estrategia más exitosa que centrarse en lo ya logrado cuando se hace un monitoreo del progreso.**

La implicación es que se da una especie de trueque entre la satisfacción y la motivación. Si te sientes satisfecho, es posible que dejes de hacer el mismo esfuerzo. Si te centras en lo que te falta por lograr, te ayudas a mantenerte motivado. Por ejemplo, imagina por un momento que eres un atleta y que ganaste una medalla de bronce en los juegos olímpicos. Si adoptas un enfoque de logros, quizá te digas a ti mismo: «Caramba, es increíble que le gané a docenas y docenas de personas. Me siento verdaderamente agradecido y afortunado de haber logrado tanto en mi vida». Pero si quieres animarte, es posible que te convenga centrarte en esos dos individuos que te ganaron y que pienses algo más como: «Necesito ser mejor que esas otras dos personas. Necesito esforzarme más ¡para convertirme en campeón olímpico!».

Mantén la vista en la brecha

Las investigaciones sugieren que centrarte en lo que te falta por lograr puede ser más motivador que centrarte en lo que ya lograste. Esta modalidad de pensamiento tiene que ver con mirar hacia adelante a lo que todavía necesitas hacer a futuro, en lugar de mirar hacia atrás y felicitarte por el progreso del pasado reciente.

De modo que si estás tratando de ahorrar o apartar una cierta cantidad de dinero, concéntrate en lo que te falta por ahorrar, más que en lo que ya ahorraste. Si estás estudiando para un examen, sigue recordándote los temas que aún te faltan por aprender, más que en los que ya estudiaste.

Por supuesto, hay muchas metas que no tienen un solo desenlace posible. Por ejemplo, quizá estés tratando de adoptar un hábito de vida permanente como el de utilizar hilo dental. Si quieres utilizar el hilo dental dos veces al día, estamos hablando de 14 veces por semana. De modo que cuando logres hacerlo nueve veces en una semana en un periodo en particular, dite que todavía te faltan cinco veces más para que puedas felicitarte a ti mismo por un trabajo bien hecho.

Centrarte en lo que te falta por lograr puede ser más motivador que centrarte en lo que ya lograste.

Arriba y adelante

- Cuando decidas tus metas, recuerda la distinción entre metas de aproximación y metas de evitación. En términos generales, las metas de aproximación implican esforzarte por algo que deseas; las metas de evitación implican tratar de evitar los desenlaces que no deseas. Hay ocasiones en que las metas de evitación pueden ser de utilidad pero, como regla general, lo más seguro es que las metas de aproximación te parezcan más fáciles de lograr y de conservar con el paso del tiempo.
- Toma en cuenta que existe una enorme cantidad de investigación que muestra que las personas que establecen metas específicas tienen muchas mayores probabilidades de alcanzarlas que las personas que establecen metas demasiado generales.

Sea cual sea tu meta final, asegúrate de transformarla en intenciones de implementación específicas que utilicen el formato «Si..., entonces...».

- Cuando pienses en la manera en que habrás de lograr una meta más desafiante o de mayor magnitud, considera utilizar el método de planeación inversa. Empieza pensando acerca del desenlace en el futuro y trabaja en orden cronológico inverso hasta el momento presente. Podrás identificar posibles problemas u obstáculos de mejor manera, y también estarás en menor riesgo de subestimar el tiempo real que te tomará tu proyecto.
- Por último, mantente al tanto de tu proyecto al centrar tu atención en lo que todavía te falta lograr, más que en lo que ya lograste hasta este momento. Este sutil cambio en actitud probablemente potencie tu motivación y te ayude a obtener mejores resultados a largo plazo.

10%

3

APRENDE A TENER EN CUENTA TU SALUD Y A BAJAR DE PESO

Cada persona es constructora de un templo propio, llamado cuerpo.

HENRY DAVID THOREAU

He pasado una buena parte de mi trayectoria profesional trabajando de manera intermitente en las áreas de salud y de la condición física. Me certifiqué como instructor en gimnasia, y trabajé como tal, mientras estudiaba para obtener mi título como psicólogo. Después, dediqué tres años a un doctorado en psicología del deporte y del ejercicio físico, en el que me esforcé por encontrar nuevas maneras de alentar a las personas a ejercitarse más.

Incluso en la actualidad sigo ofreciendo conferencias y seminarios acerca de la psicología de la salud y de la condición física, y algunos de mis clientes necesitan ayuda con su salud y su peso. Después de todo, nuestras mentes y cuerpos no son entidades separadas. Una mente inteligente, productiva y feliz necesita habitar un cuerpo fuerte, descansado y saludable.

De inicio un cliente me pidió que le diera sesiones de *coaching* porque quería encontrar un empleo nuevo. Varios años antes, Leon se había visto tentado a convertirse en gerente de recursos humanos para una enorme empresa internacional a causa del excelente salario y la promesa de un trabajo emocionante.

Sin embargo, no tardó en detestarlo. El horario era demoledor y la naturaleza del empleo mucho más burocrática de lo que había esperado.

Cuando nos conocimos, no estaba motivado a comunicarse con ningún consultor de reclutamiento para solicitar un nuevo empleo, y pronto descubrimos a qué se debía su bloqueo mental. Se sentía desmotivado y avergonzado de sí mismo porque había subido muchísimo de peso. Trabajaba alrededor de diez horas por día, lo que significaba que no tenía ni el tiempo ni la energía para ejercitarse. Casi siempre se sentía cansado, así que terminaba pidiendo comida para llevar cargada de calorías. Además, la mayoría de las noches se bebía una botella entera de vino para lidiar con la presión después de su tedioso día de trabajo.

Se sentía bastante desanimado por su peso, así que también había empezado a perder su deseo sexual. Y no quería reunirse con sus colegas anteriores ni con los consultores en reclutamiento que ya conocía porque estaba seguro de que, en secreto, lo juzgarían por su peso.

De modo que cambiamos de planes. En lugar de centrarnos de manera exclusiva en su búsqueda de empleo, nos dedicaríamos a lograr que se sintiera en mejor forma, más sano y más delgado también.

Empezamos con cosas pequeñas. Por ejemplo, casi no comía frutas ni verduras. De modo que cada mañana se detenía en su café favorito y se compraba una manzana o un plátano para acompañar su *latte*. No le quitaba un segundo adicional a su día, pero significaba que estaba comiendo una porción de fruta a diario de manera casi inmediata.

Otro cambio pequeño fue que empezó a salir a caminar los viernes por la tarde. Después del trabajo, se decidió a caminar poco más de kilómetro y medio antes de subirse al tren que de costumbre lo llevaba a casa.

Muchos de los cambios que implementamos eran de simple sentido común, pero también le ofrecí diversas tácticas psicológicas: escribió ampliamente acerca de sus valores y de por qué le importaba su salud. Hizo listas de metas específicas que debía alcanzar a diario o cada semana, y se entrenó en comer como actividad independiente, no como algo que se hace mientras se revisan llamadas o se ve Netflix.

Al cabo de algunos meses, los cambios fueron más que evidentes. La redondez de su quijada empezó en desaparecer. Mientras conversaba, empezó a volverse más animado y a agitar sus brazos, también a hablar más rápido. Emanaba energía y, por supuesto, empezó a verse más delgado.

Muchas personas se esfuerzan por bajar de peso, aumentar su condición física o mejorar su salud en general, y se ha demostrado que muchas técnicas ofrecen beneficios muy reales: 6% por aquí, 9% por allá y otro 5% por otro lado... y todo ello se va sumando.

Muchas personas se esfuerzan por bajar de peso, aumentar su condición física o mejorar su salud en general.

En el capítulo 2 analizamos la forma de potenciar tu motivación y darte la mejor oportunidad posible para alcanzar cualquier tipo de meta, pero en este capítulo analizaremos media docena de trucos y consejos fáciles que han resultado ser beneficiosos, y lo serán en especial en términos de tu salud, tu peso y tu condición física.

Sácale valor a tus valores

Imagina que estás leyendo un artículo sobre los riesgos de una vida sedentaria y las razones por las que debes ejercitarte más. El artículo empieza diciendo «Estás en riesgo. Un estilo de vida sedentario aumenta el riesgo de que presentes diabetes, hipertensión, cáncer de colon, depresión y ansiedad, obesidad y debilitamiento de tus huesos y músculos».

Asusta, ¿verdad? Pero el artículo sigue adelante y añade: «Mientras más tiempo pasas sentado, más daño le ocasionas a tu cuerpo. Cuando estás sentado durante largos periodos, tu cuerpo no puede procesar azúcares y grasas, lo que aumenta aún más tu riesgo de enfermedad».

¿Seguirías leyendo el artículo? ¿O simplemente le darías vuelta a la página para leer otro artículo un poco menos deprimente?

Por mucho tiempo, los investigadores han sabido que muchos mensajes relacionados con la salud —ejercitarse más, comer de manera más saludable, ponerse bloqueador solar, dejar de fumar y demás— ni siquiera se toman en cuenta. A menudo, cuando las personas se ven confrontadas con mensajes que perciben como amenazadores, simplemente eligen pensar en algo menos atemorizante. Pero un grupo de investigadores dirigidos por Emily Falk, de la Universidad de Pensilvania, encontraron que es posible hacer que las personas sean mucho más receptivas a los mensajes para una vida más saludable.

A menudo, cuando las personas se ven confrontadas con mensajes que perciben como amenazadores, simplemente eligen pensar en algo menos atemorizante.

Falk y sus colegas reclutaron a varias docenas de adultos para llevar a cabo un estudio acerca de salud y actividad cerebral. Al inicio del estudio, a los participantes se les presentó una lista de ocho valores (creatividad, familia y amigos, independencia, sentido del humor, política, religión, dinero, espontaneidad) y se les pidió que los clasificaran en orden de importancia.

Después, se le pidió a la mitad de los participantes que pensaran acerca del valor que habían colocado al tope de su clasificación y de lo que significaba para ellos. Por ejemplo, a alguien que indicó que «independencia» era lo que más le importaba, se le pidió que reflexionara más acerca del tema. A la otra mitad de los participantes se les hizo una pregunta que no tenía nada que ver con sus valores (en específico, se les pidió que tomaran en cuenta una situación en la que pudieran consultar el estado del tiempo).

A continuación, a todos los participantes se les indicó que leyeran cincuenta afirmaciones sobre los peligros de un estilo de vida sedentario, junto con consejos para volverse más activos físicamente. De hecho, las dos afirmaciones que leíste al principio de esta sección se tomaron directamente de las que utilizaron Falk y sus colaboradores.

Y ese fue el final de la parte psicológica del experimento; pero antes de que los participantes se retiraran, a todos se les pidió que utilizaran acelerómetros en sus muñecas para medir de manera objetiva la cantidad de actividad física que llevarían a cabo.

Durante un periodo de cuatro semanas, los científicos encontraron evidencia contundente de una diferencia entre los dos grupos. Los participantes experimentales que meditaron acerca del valor que habían clasificado como el más importante terminaron llevando a cabo una cantidad significativamente mayor de actividad física que los participantes de control, a los que se les pidió que pensaran en el estado del tiempo.[1]

Ese es un resultado excelente: clasificar una lista de ocho valores en orden de importancia y después pensar en el más importante condujo a una mayor actividad física. Pero todavía hay más: los investigadores también utilizaron equipo de IRMF para monitorear a todos los participantes mientras leían las cincuenta afirmaciones relacionadas con salud y ejercicio, y encontraron que el ejercicio de valores produjo, de hecho, un patrón de activación diferente en el cerebro, en particular en una zona que se denomina corteza prefrontal ventromedial (CPFVM), que es la región encefálica en la que se procesan los pensamientos relacionados con nuestra autoestima.

En otras palabras, el ejercicio de los valores altera algo en el cerebro, lo que nos permite aceptar los mensajes relacionados con la salud de mejor manera. A su vez, esta receptividad aumentada a dichos mensajes puede ayudarnos a lograr un cambio verdadero.

El ejercicio de los valores altera algo en el cerebro, lo que nos permite aceptar los mensajes relacionados con la salud de mejor manera.

La mayoría de nosotros probablemente ya sabe el tipo de acciones que podríamos realizar (o dejar de realizar) para ser más sanos: consumir menos alimentos procesados; comer más verduras; ejercitarnos más; ingerir menos bebidas alcohólicas; usar bloqueador solar siempre que nos expongamos a la luz del sol; dejar de fumar; etcétera. El problema no es que no *entendamos* a nivel intelectual lo que debemos hacer, sino que, con frecuencia, simplemente no nos agrada el mensaje que estamos escuchando. Quizá seamos demasiado perezosos para hacer lo que sabemos que deberíamos estar haciendo. O nos agrada comer chocolates, beber cerveza y vino, y demás. Y cuando no nos agradan los mensajes, o nos sentimos amenazados por los mismos, elegimos ignorarlos.

No obstante, el estudio de Falk y sus colegas científicos nos dice que pensar acerca de nuestros valores más atesorados en la vida podría hacer que los mensajes relacionados con nuestro cuerpo y salud se vuelvan más pertinentes y valiosos, y que entonces estos mensajes atraviesen nuestras excusas y racionalizaciones de manera impetuosa a fin de entrar a mayor profundidad en nuestros cerebros; y eso podría literalmente cambiarnos la vida.

Aprovecha tus valores centrales para cambiar tu vida

Las investigaciones sugieren que el ejercicio de los valores puede ser de máxima utilidad cuando tratas de considerar seriamente la forma en que puedes proceder para alterar tu vida y volverte más sano. Así que utiliza esta técnica cuando estés leyendo acerca de lo que podrías estar haciendo o cuando de veras estés planeando aquello que quieres cambiar.

Para darle un impulso a tu autoestima y, con suerte, alentar conductas más saludables, empieza por plantearte los siguientes ocho valores: creatividad, familiares y amigos, sentido del humor, independencia, dinero, política, religión y espontaneidad.

Escribe los números del uno al ocho en una hoja de papel y, después, trata de clasificar los ocho valores del uno (el más importante) al ocho (el menos importante).

Ahora, medita acerca de tu valor número uno y escribe un ensayo corto —solo algunos párrafos—. En específico, sigue estos dos puntos:

- ¿Por qué es de tanta importancia tu valor número uno?
- Describe una ocasión en la que este valor podría darte un propósito en la vida.

Recuerda que el ejercicio de los valores debe utilizarse como precursor, de modo que después de que lo hayas llevado a cabo asegúrate de pasar algún tiempo leyendo cómo podrías mejorar tu salud y tu vida. Lee un libro o revista, relacionados con el tema, que haya sido escrito por un experto digno de confianza; o podrías consultar la web para enterarte de los últimos desarrollos al respecto. O, todavía mejor: toma notas y crea un plan en el que establezcas cómo harás de veras las cosas de manera diferente de ahora en adelante.

Clasifica tus valores, escribe acerca del que más te importa y, después, elabora un plan. En esencia, de eso trata esta primera sección del capítulo, pero si necesitas mayor inspiración acerca del plan que deberías llevar a cabo, sigue leyendo, porque la siguiente sección analiza un método precisamente para la creación de este tipo de plan.

Clasifica tus valores, escribe acerca del que más te importa y, después, elabora un plan.

Fortalece tu identidad

Trabajé con un cliente, un gerente de cincuenta y tantos años, que acudió a mí porque estaba padeciendo por una sensación generalizada de malestar en relación con su trayectoria profesional, así como con el resto de su vida. Una importante razón para su falta de motivación tenía que ver con la sensación de que algunos de sus colegas lo estaban menospreciando de manera injusta. No obstante, no ayudaba en nada que no estaba cuidando de su salud. Por ejemplo, podían pasar días y días sin que comiera una sola porción de frutas o verduras.

Un problema es que en realidad no le gustaba la fruta, ni las verduras, a excepción de las alubias en salsa de tomate; en especial cuando las mezclaba ya fuera con maíz dulce o chícharos.

Bueno, eso era algo con lo que podíamos trabajar, le dije. De modo que lo alenté a que pensara en sí mismo como «comedor de alubias» y, en esencia, eso fue todo lo que se necesitó para iniciar un periodo de ingesta más saludable para él.

En términos de tu salud, ¿cuál dirías que es tu meta principal? Es posible que tengas más de una meta, pero por el momento dediquémonos a la principal. Quizá desees bajar algo de peso; o subir de peso para aumentar tu masa muscular. O tal vez tú también quieras aumentar tu consumo de verduras o lograr algo distinto: reducir tu ingesta de azúcar, beber más agua o comer menos carne, por ejemplo.

Sea cual sea tu meta, las investigaciones psicológicas indican que puedes ayudarte a alcanzarla mediante un cambio en tu identidad. Para iniciar el proceso, solo empieza a decirte que de ahora en adelante quieres convertirte en un «bajador de peso», «formador de músculos», «evitador del azúcar» o «bebedor de agua»; hasta en un «comedor de frijoles».

Sea cual sea tu meta, las investigaciones psicológicas indican que puedes ayudarte a alcanzarla mediante un cambio en tu identidad.

La investigación a la que nos estamos refiriendo provino de las mentes de Amanda Brouwer, de la Universidad Estatal de Winona, y de Katie Mosack, de la Universidad de Wisconsin-Milwaukee, quienes se dispusieron a cambiar los patrones alimentarios de 124 mujeres. A un tercio de las mujeres se les brindó un breve programa educativo para enseñarles acerca de la alimentación saludable. A otro tercio se le ofreció el mismo programa educativo, pero además se le pidió que creara una etiqueta para denominarse; algo como «comedora de porciones más pequeñas», «aceptadora de frutas» o «consumidora de menos mantequilla». Y al tercio restante de las mujeres no se les dio instrucción alguna acerca de cómo cambiar sus vidas.

Todas las participantes del experimento llevaron diarios alimentarios por cuatro semanas, y las investigadoras hallaron que el programa educativo relacionado con la alimentación saludable había sido absolutamente inútil, un rotundo fracaso. Las participantes de este grupo terminaron alimentándose de manera exactamente igual que las mujeres a las que no se les dio consejo alguno.

Sin embargo, para el final de las cuatro semanas las participantes que se inventaron etiquetas estaban comiendo de manera significativamente más sana que todas sus demás compañeras. En otras palabras, idear nombres aparentemente absurdos como «hacedora de comida casera» y «bebedora de agua en lugar de refrescos» hizo una diferencia mensurable en sus patrones alimentarios y en su salud.[2]

¿Y esto por qué funciona? Porque las etiquetas les importan a las personas en diversas áreas de sus vidas. Por ejemplo, hay ocasiones en que las personas provenientes de Inglaterra se consideran «inglesas» y otras en que se consideran «británicas»; en cambio las personas provenientes de Escocia podrían denominarse «escoceses» o «británicos», pero jamás de los jamases se considerarían «ingleses».

Piensa en las etiquetas que las personas se dan a sí mismas como «profesional», «extrovertido», «padre de familia», «cristiano», «amigable con el medio ambiente», «alcohólico en recuperación» y «vegano». A menudo, elegir estas palabras les permite a las personas definirse y fortalecer su determinación a fin de actuar de ciertas maneras.

Y piensa en las personas que se describen a sí mismas como «fanática del cine», «amante de los animales» o «jugador de videojuegos»; o quizá «bebedor de cerveza», «jugador de rol en vivo» o «aficionado a la ópera». Esperarías que las personas que sienten afinidad por cualquiera de estos grupos se comportaran de cierta manera.

A nivel personal, pienso mucho en mí mismo como «fanático del gimnasio» y soy capaz de rechazar invitaciones sociales para asegurarme de poder ir al gimnasio mínimo dos, pero por lo general tres, veces por semana.

Las etiquetas que nos adjudicamos de manera voluntaria pueden influir en que nos identifiquemos con los grupos, pandillas o clubes con los que elegimos asociarnos a nivel mental. Y al fortalecer las etiquetas o identidades en nuestra mente parece que podemos dirigir de manera deliberada las conductas que llevaremos a cabo.

Así que volvamos a centrar nuestra atención en tus metas de salud y estilo de vida. ¿Qué etiqueta te gustaría aplicarte?

Al fortalecer las etiquetas o identidades en nuestra mente parece que podemos dirigir de manera deliberada las conductas que llevaremos a cabo.

Piensa en ti mismo como un «realizador»

El estudio de Brouwer y Mosack se concentró en la alimentación saludable, pero otras investigaciones, como por ejemplo aquella que llevaron a cabo Linda Houser-Marko y Kennon Sheldon, de la Universidad de Missouri-Columbia, también mostraron que la técnica beneficia a las personas en cuanto a metas relacionadas con deporte y ejercicio.[3]

Para empezar, escribe tus metas de alimentación saludable o de actividad. Ya sea que desees subir o bajar de peso, reducir tu ingesta de ciertos alimentos o comer más de ellos, solo escribe una oración que englobe lo que quieres lograr.

A continuación, analiza lo que escribiste y transfórmalo en una frase «realizadora». En otras palabras, trata de encontrar una etiqueta o categoría que pueda aplicarse a lo que estás tratando de hacer. Por ejemplo, si quieres ejercitarte más, podrías llamarte «ejercitante» o «aficionado al gimnasio». A algunas personas quizá les gusten frases más idiosincrásicas como «fisicoculturista» o «rata de gimnasio». O inventa algo totalmente nuevo que encapsule lo que sientes: «encaminado a la condición física», «ciclista estacionario», «corredor de caminadora» o lo que prefieras. Simplemente tiene que ser algo que describa al realizador de una acción.

Una vez que lo hayas hecho, imagínate como realizador de la frase, la categoría o etiqueta, que hayas elegido. ¿Qué aspecto tendría o cómo se sentiría? Una vez que lo hayas meditado, escribe algunas oraciones que describan el tipo de comportamiento que podría llevar a cabo el «aficionado al gimnasio», el «ciclista estacionario» o cualquiera que sea tu etiqueta. Por ejemplo, quizá decidas que es «hacer dos series de 12 abdominales», «mantenerse en movimiento por 15 minutos», «quemar 1800 calorías en la bicicleta estacionaria» o cualquier otra cosa que desees.

A fin de cuentas, estás intentando crear unas cuantas conductas o acciones (entre tres y cinco) que estás comprometiéndote a llevar a cabo para mantener tu nueva identidad con vida. Así que haz lo que sea que te funcione.

Recuerda que tu identidad puede ser tan individual como tú mismo. A mi cliente le gustó la idea de ser un «comedor de alubias». Si tú quieres ser un «evitador de bebidas gasificadas», un «destructor de donas» o un «ingestor de comida real en lugar de procesada», entonces hazlo. Y si te gusta la idea de convertirte en un «rechazador de donas» o en un «desaprobador de dulces», ¿a quién le importa si está mal dicho en tu idioma?

Adopta una identidad que signifique algo para ti; no tienes que compartirla con nadie a menos que realmente lo desees. Esto tiene que ver con encontrar una frase que te aliente a cambiar tu comportamiento en cualquier forma que lo desees, así que haz lo que te funcione a ti.

Adopta una identidad que signifique algo para ti; no tienes que compartirla con nadie a menos que realmente lo desees.

Canaliza el poder de tu imaginación

¿Alguna vez has comido de más y luego te has arrepentido de ello? La última vez que lo hice fue hace cerca de seis meses, cuando fui a una cena en casa de una amiga. Kay había invitado a tres de sus amistades a ver una película en su casa (el largometraje biográfico de patinaje sobre hielo nominado al Oscar *Yo, Tonya)*, y cada quien llevó algo que comer: Richard llevó una enorme caja de chocolates Lindt, Tilly llegó con una docena de exquisitos pastelitos de chocolate, yo llevé varias bolsas de palomitas de caramelo y Kay preparó pollo rostizado en aceite de ajo con una guarnición de brócoli sazonado con chile.

Comí una barbaridad. Me serví varias piezas de pollo con una porción generosa de brócoli y después me volví a servir más. Me comí dos pastelitos y tal vez media docena de chocolates. Y, casi con toda seguridad, lo que equivalió a una bolsa entera de palomitas de caramelo que, por sí solas, me aportaron alrededor de ochocientas calorías. En esencia, comí dos o tres veces, en una sola sentada, la cantidad de calorías que debía. Por varias horas me sentí lleno hasta el tope y no dejaba de pensar en el número de horas que tendría que pasar en el gimnasio para quemar tan solo las calorías provenientes de los alimentos dulces.

Si alguna vez te has preocupado por comer en exceso y quieres controlar tu apetito, sea por alimentos chatarra o cualquier otra cosa, quizá quieras echarle un vistazo a un estudio que se publicó en la importante revista académica *Science.* En esencia, un equipo de investigadores encabezados por Carey Morewedge, científico social de la Universidad Carnegie Mellon, encontró que tan solo imaginar que se está ingiriendo el alimento deseado puede ayudar a las personas a controlar su consumo.

Tan solo imaginar que se está ingiriendo el alimento deseado puede ayudar a las personas a controlar su consumo.

De inicio, los investigadores reclutaron a 51 participantes experimentales con una oferta bastante tentadora: comer tantos chocolates M&M's como desearan. Sin embargo, al principio se dividió a la totalidad de los participantes en tres grupos. A cada uno de los mismos se les instruyó que pensaran algunos minutos en uno de tres escenarios:

- Insertar 33 monedas en una lavadora automatizada.
- Insertar 33 monedas en una lavadora automatizada y después comer tres chocolates M&M's.
- Insertar solo tres monedas en la lavadora automatizada para después comer treinta chocolates M&M's.

Después de esto, se les permitió a los participantes comer el número de chocolates que desearan. Los investigadores tan solo contaron cuántos chocolates comió cada persona.

Si nos limitamos a ver el diseño del estudio, es difícil comprender qué estaban tratando de hacer los investigadores, pero oculto entre los tres grupos se encontraba un ingenioso experimento.

El hallazgo principal del estudio es que aquellos participantes que imaginaron comer más chocolates, terminaron por comer menos de ellos en la realidad. En algunos casos, las personas que imaginaron comer treinta chocolates M&M's terminaron por comer apenas la mitad de los que comieron los participantes que habían imaginado los otros dos escenarios.

Como venía diciendo, el diseño del experimento fue de lo más ingenioso, y esta es la razón: los investigadores pudieron haber creado tres condiciones en las que los participantes tan solo imaginaran comer treinta, tres o ningún chocolate, pero eso hubiera expuesto los resultados del estudio a diversas críticas. Quizá el solo participar en *cualquier* acto prolongado de imaginación mental podría limitar el apetito de las personas. Sin embargo, al hacer que los participantes imaginaran el insertar 33 monedas en una lavadora automatizada (un acto físico que no se distancia mucho de insertar chocolates en la boca), los investigadores pudieron descartar esta explicación alternativa.

Los investigadores también repitieron el experimento con alimentos salados (trozos de queso) y, una vez más, encontraron que los participantes que habían imaginado comer grandes cantidades de queso terminaron por comer menos. De hecho, con base en cinco estudios diferentes, los investigadores demostraron de manera confiable que el solo imaginar comer un alimento, sea dulce o salado, puede limitar el consumo real del mismo.[4]

El solo imaginar comer un alimento, sea dulce o salado, puede limitar el consumo real del mismo.

Así pues, si tan solo me hubiera imaginado comiendo puños y puños de palomitas de caramelo podría haber reducido la cantidad que terminé ingiriendo. Pero bueno, ya sé qué hacer la próxima vez y, de igual manera, ya lo sabes tú también.

Para mí, este estudio y sus hallazgos son un recordatorio de que la imaginación humana es increíblemente poderosa y que simplemente imaginar que ya comimos algo puede ayudar a convencer a nuestros estómagos de que lo hicimos en realidad.

Y lo mejor de todo es que esta es una intervención de lo más sencilla. Se puede llevar a cabo en cualquier momento y lugar. De modo que si quieres reducir la cantidad de alimentos que vas a comer, quizá en una fiesta o en un *buffet* que te permite comer todo lo que puedas, solo tómate unos minutos e imagina el tipo de alimentos que vas a comer. Mientras más imagines que comes los alimentos, menos posibilidades tendrás de que se te antojen en exceso y también es posible que, al final, termines comiendo menos.

Yo ya sé cuál es la siguiente vez que voy a utilizar esto. Lo más probable es que me atiborre de palomitas de caramelo cuando vaya al cine. Cuando voy al cine, a ver la más reciente película de acción o de superhéroes de Marvel, suelo comprar una enorme bolsa de palomitas de caramelo y me la termino yo solo. Pero quizá durante los cortos podría pasarme un minuto haciendo una simulación mental de comer palomitas. Eso debería ayudar a limitar mi apetito cuando al fin abra la bolsa para empezar a comérmelas.

Desconectarse para encender la saciedad

Utilizar la imaginación para crear simulaciones mentales —películas en tu mente— de ti comiendo algo puede ayudar a reducir tu apetito real, pero resulta que las películas y programas de televisión del mundo real podrían tener el efecto contrario.

No obstante, antes de que nos adentremos en los efectos que la televisión tiene sobre nuestros hábitos alimentarios, exploremos un poco más la psicología de la televisión. Por ejemplo, ¿sabías que la televisión puede actuar como analgésico? En un famoso estudio, investigadores encontraron que niños a los que les estaban tomando muestras de sangre de venas en sus brazos informaron experimentar una cantidad significativamente menor de dolor cuando veían televisión. De hecho, en este estudio los niños de entre siete y 12 años de edad encontraron que ver caricaturas era un método más eficaz para reducir su dolor que tener a sus madres en la misma habitación mientras les hablaban, los acariciaban o trataban de tranquilizarlos de alguna otra manera.[5]

Supongo que no es algo que te sorprenda mucho. Todos hemos experimentado que la televisión puede ser hipnotizante, divertida y, en ocasiones, muy cautivadora. Así que tiene sentido que pueda distraer a las personas del dolor que sienten cuando les introducen agujas enormes en el brazo.

> **La televisión puede ser hipnotizante, divertida y, en ocasiones, muy cautivadora.**

Siguiendo esta misma línea de pensamiento, los científicos en psicología Lucy Braude y Richard Stevenson, de la Universidad Macquarie en Australia, se preguntaron: ¿la televisión podría tener un efecto distractor en las personas mientras comen? Ahora bien, podría argumentarse en cualquiera de ambos sentidos. En potencia, la televisión podría ayudar a las personas a comer menos porque podría distraerlos de su comida; o bien, la televisión podría hacer que la gente coma más porque no nota que, en realidad, ya tienen el estómago lleno.

Pero antes de que lleguemos a la parte de la ciencia, ¿cuál crees que sea la teoría más probable?

Por supuesto, la única manera de someter a prueba los efectos de la televisión sobre el acto de comer sería con un experimento, de manera que el dúo de investigadores reclutó a adultos jóvenes para que comieran botanas ya fuera mientras veían un episodio de veinte minutos de duración del programa clásico de la televisión, *Friends*, o mientras simplemente se sentaban en silencio durante la misma cantidad de tiempo.

¿Y adivina qué? Los participantes que comieron mientras veían televisión ingirieron *mucha más* comida. Quienes tuvieron la oportunidad de comer tanto como quisieran sin ver televisión, consumieron cien calorías de botanas; los que lo hicieron mientras veían televisión se devoraron un total de 156 calorías.[6]

Además, recuerda que eso fue mientras veían un solo programa de veinte minutos. Solo imagina el daño que podrías provocar si te dedicaras a ver una serie entera.

Si esos resultados pudieran replicarse en otras situaciones, habría una diferencia increíble. Simplemente apagar la televisión podría ayudar a las personas a consumir 35% menos calorías.

Los investigadores también analizaron los efectos de ver televisión contra no ver televisión con cuatro tipos distintos de botanas —dos botanas dulces, una botana saludable (almendras) y una botana salada (papas fritas)— y encontraron resultados semejantes. Con cada uno de los tipos de comida, los participantes experimentales que vieron televisión ingirieron significativamente más calorías que aquellos que solo se sentaron sin distracción alguna durante la misma cantidad de tiempo.

Y, por cierto, no solo los programas graciosos, como *Friends,* provocan comer en exceso. Un estudio separado, encabezado por la científica Dolly Mittal, encontró que todos los programas de televisión, fueran tristes o aburridos, así como los graciosos, condujeron a una ingesta excesiva de alimentos en comparación con no ver televisión en absoluto.[7] Entonces, por desgracia, una conclusión bastante ineludible de todos estos estudios es que ver televisión alienta a la mayoría de las personas a comer, engullir, tragar y devorar más comida.

Ver televisión alienta a la mayoría de las personas a comer, engullir, tragar y devorar más comida.

¿Por qué?

Otros estudios sugieren que ver televisión mientras se come interfiere con nuestra capacidad para notar el momento en que nos llenamos: somos menos capaces de detectar el momento en que estamos saciados, de modo que terminamos comiendo en exceso. Eso podrá sonar absurdo, pero recuerda que la televisión es un distractor tan potente que puede tranquilizar a las personas y reducir el dolor físico provocado al insertar grandes agujas en el cuerpo.

Entonces, las implicaciones son claras: la televisión es mala si tratas de portarte bien en cuanto a lo que comes. Así que apaga tu televisor para prender tus receptores de saciedad; le permitirás a tu cerebro detectar con mayor rapidez el momento en que te sientas lleno y evitarás una ingesta excesiva. O, para ponerlo en términos totalmente sencillos: si quieres bajar de peso, no comas mientras ves televisión.

Apaga tu televisor para prender tus receptores de saciedad.

Disfruta de los sonidos de la voracidad

La televisión no es lo único que puede hacer que comas de más. Seguramente no te sorprenderá escuchar que las personas tienden a comer y a beber más cuando hay música de fondo,[8] pero las investigaciones más recientes sugieren que solo estar en un ambiente más ruidoso también puede hacerte comer de más sin que te des cuenta de ello.

Los investigadores de mercado Ryan Elder, de la Universidad Brigham Young, y Gina Mohr, de la Universidad Estatal de Colorado, invitaron a 67 hombres y mujeres jóvenes a comer el número de pretzels que desearan. Ah, y por cierto, tenían que usar audífonos mientras lo hacían.

A través de los audífonos, los investigadores reprodujeron sonidos ambientales moderadamente fuertes; apenas lo bastante fuertes como para cubrir el sonido de la masticación de la mitad de los participantes. Los investigadores también reprodujeron sonidos ambientales para la otra mitad de participantes, pero a un nivel de sonido mucho más silencioso.

En promedio, los participantes que escucharon el sonido ambiental más estridente consumieron 4.1 pretzels cada uno. Los participantes que escucharon el ruido ambiental más silencioso comieron solo 2.8 pretzels. En otras palabras, los ambientes con más ruido, o incluso aquellos donde se toca música de fondo, podrían alentar potencialmente una ingesta excesiva.

Sé que la diferencia entre 2.8 y 4.1 pretzels podrá no parecer considerable en términos absolutos, pero analicémoslo en términos porcentuales: los participantes que escucharon un ruido ambiental más estridente comieron un impactante 46% más. Eso es algo que podría acumularse de manera considerable con el paso del tiempo.

Para investigar todavía más acerca de los efectos del sonido sobre la ingesta excesiva de alimentos, el par de investigadores llevó a cabo un experimento algo diferente. En esta ocasión, les dieron a los participantes la oportunidad de comer tantas galletas como quisieran. Sin embargo, lo que hicieron fue dividir a los participantes en tres grupos, a cada uno de los cuales se les dio un conjunto distinto de instrucciones de la forma en que debían comer:

- «Queremos que se coma la botana de la manera más ruidosa que le sea posible».
- «Queremos que se coma la botana de la manera más silenciosa que le sea posible».
- «Queremos que se coma la botana de la manera en que lo haría de forma habitual».

Una vez más, los investigadores contaron el número de galletas que consumió cada participante. Aquellos a quienes se les dijo que lo hicieran de manera habitual comieron 3.4 galletas. Pero a los que se les indicó que se concentraran en comer de manera ya fuera ruidosa o silenciosa, comieron una cantidad notablemente menor (2.6 galletas, en promedio).[9]

En términos absolutos, esto tampoco parece describir una diferencia enorme, pero, en realidad, pasar de comer 3.4 a 2.6 galletas es una reducción de 24 %. Y se logró al señalarles a los participantes que se enfocaran en los ruidos que hacían al comer. No importó que se les dijera que comieran de manera más ruidosa o más silenciosa; tuvo el mismo efecto: los alentó a comer menos.

Así, si tomamos el estudio de los pretzels junto con el estudio de las galletas, parecería que los sonidos y ruidos del entorno pueden alentar a que comamos en exceso porque nos distraen del sonido de nuestra propia masticación. Cuando podemos oírlos, o cuando se nos pide que prestemos atención a ellos, los sonidos de la manera en que comemos actúan como lo que Elder y Mohr llaman una «señal de monitoreo de consumo». En términos sencillos, nos concientizamos de nuestro consumo y de lo que sentimos que nos deberíamos permitir comer. A causa de ello, es posible que terminemos comiendo menos.

> **Los sonidos de la manera en que comemos actúan como «señal de monitoreo de consumo».**

Este es un truco que yo aplico en mi propia vida. Me fascina el chocolate y me gusta la mayoría de los pasteles; pero uno de mis deleites favoritos son los brownies de chocolate. Cuando me reúno con mis amigos y platico mientras como, quizá en una cafetería ruidosa, siempre me termino un brownie entero.

Pero cuando compro uno para comérmelo en casa, lo corto en seis trozos y simplemente me siento con el plato frente a mí. Cero televisión. Nada de radio ni de Spotify. Como con lentitud y disfruto de cada bocado mientras los sabores de chocolate, dulce y mantequilla llenan mi boca. Los primeros trozos son intensamente disfrutables, encantadores y satisfactorios; pero sin distracciones, suelo notar que he comido suficiente después de cinco o, a veces, cuatro trozos. Entonces tiro el resto a la basura, con lo que probablemente me ahorre cien o más calorías.

Claro que estás en libertad de comer como se te pegue la gana, pero si deseas no comer en exceso, considera no solo apagar tu televisor, sino también comer en un ambiente silencioso para que puedas centrarte de lleno en los sonidos de tu propia voracidad.

Cambia tu actitud para potenciar tu salud y tu felicidad

Todos sabemos que el ejercicio físico es bueno para nosotros, ¿verdad? Incluso caminar apenas diez minutos puede desencadenar un sinnúmero de beneficios no solo para nuestro cuerpo, también para nuestra mente. Además, al paso del tiempo, pocos llegarían a dudar que el ejercicio nos puede hacer más delgados, más fuertes, más sanos e incluso más sensuales.

Pero el problema es que no siempre tenemos ganas de hacer ejercicio. A veces, sentimos que estamos demasiado ocupados como para ejercitarnos y en otras ocasiones nos da flojera. Quizá es un día frío y húmedo, o infernalmente caliente y la mera idea de ponernos los tenis para hacer cualquier tipo de ejercicio simplemente no nos resulta atractiva. Pero te voy a compartir un pequeño truco que quizá te permita ajustar tu perspectiva mental para que te sientas más motivado para empezar a moverte.

A fin de profundizar en esta actitud mental, déjame que te haga un par de preguntas. ¿Hasta qué grado sientes que tienes mucho que agradecer en tu vida? Y ¿hasta qué grado te sientes agradecido con una amplia variedad de personas?

Mientras más aprecio tengas y más agradecido te sientas, mayor será tu nivel de gratitud disposicional, que los psicólogos han definido como la orientación psicológica hacia notar y apreciar aquello que es positivo en tu vida. A nivel personal, siento que tengo muchísimo por qué dar las gracias: padres amorosos, una pareja modesta que me brinda todo su apoyo, un hogar cómodo, amigos con una perspectiva parecida hacia la vida, un trabajo que (por lo general) disfruto de manera genuina y clientes que son afables y que me aprecian. Y cuando leo acerca de los sucesos y conflictos que pasan en el mundo, agradezco poder vivir en una democracia en la que tengo una amplia libertad de elección y de expresión.

Las investigaciones han encontrado que la gratitud disposicional puede motivar a las personas a hacer más ejercicio y a cuidarse mejor. Evidencia importante que sustenta lo anterior proviene de un estudio que se llevó a cabo con un grupo de 962 adultos suizos de entre 19 y 84 años de edad. Además, aquellos que se sentían más agradecidos con sus vidas también informaron tener mejor salud física.[10]

La gratitud disposicional puede motivar a las personas a hacer más ejercicio y a cuidarse mejor.

Desde una perspectiva estrictamente científica, lo único que nos indica este estudio es que existe una conexión entre la gratitud y el ejercicio físico. ¿Pero solo tenemos un cierto nivel de gratitud que es fijo e inamovible? ¿O también es posible mejorar nuestros niveles de gratitud y, por ende, aumentar la cantidad de ejercicio que hacemos?

Para encontrar las respuestas a estas preguntas, debemos voltear la mirada a un estudio clásico que llevaron a cabo Robert Emmons, de la Universidad de California en Davis, y Michael McCullough, de la Universidad de Miami. Este par de psicólogos académicos reclutó a 192 estudiantes universitarios para llevar a cabo un estudio que analizó los efectos de distintos ejercicios psicológicos sobre su salud mental y física. Dividieron a los participantes en tres grupos y a cada uno se le pidió que llevara a cabo una breve tarea de escritura una vez por semana, durante diez semanas.

A los del primer grupo se les pidió que recordaran y escribieran hasta cinco cosas positivas de sus vidas por las que se sintieran agradecidos. A los del segundo grupo se les pidió que escribieran hasta cinco cosas fastidiosas: eventos o circunstancias negativas que los molestaban o alteraban. A los participantes del tercer grupo se les pidió que escribieran acerca de sucesos o circunstancias neutras que los afectaran.

Después de diez semanas, los participantes que llevaron a cabo la tarea de agradecimiento informaron de múltiples beneficios. De entrada, se sintieron significativamente más positivos acerca de su vida. Informaron sentirse mejor en ese aspecto en general; también se sintieron más optimistas acerca de las cosas que tenían que hacer en el futuro cercano. En otras palabras, se sentían más felices.

Pero también hubo otros beneficios inesperados que surgieron del ejercicio del agradecimiento. Los participantes que completaron la tarea escrita semanal dijeron que experimentaron menos síntomas y malestares físicos. Y también terminaron por hacer casi 1.5 horas de ejercicio más que aquellos participantes que listaron sus problemas y quejas con la vida.[11]

En otras palabras, el estudio de Emmons y McCullough demostró que es posible modificar los propios niveles de gratitud con una diversidad de efectos adicionales. Podrías sentirte más feliz, podrías sentirte físicamente más sano, y también podrías terminar haciendo más ejercicio. ¿No te parece una situación de ganar-ganar-ganar?

Potencia tu salud y tu nivel de actividad desarrollando tu gratitud

Hay muchas cosas en nuestras vidas, tanto grandes como pequeñas, de las que podemos sentirnos agradecidos. Y los estudios de diversos grupos de investigadores han encontrado que es posible centrarse de manera más intensa sobre estas cosas al completar una sencilla tarea escrita. Simplemente escribe una vez por semana hasta cinco cosas de tu vida que aprecias o que agradeces.

Depende enteramente de ti lo que quieras escribir, pero participantes anteriores han listado cosas tan diversas como «mi primera taza de café de la mañana», «la generosidad de mis amigos», «mis padres maravillosos», «despertarme esta mañana» y «a Dios, por darme determinación».

Y eso es todo. Un ejercicio escrito que debería tomarte no más de un par de minutos por semana.

Ahora bien, la investigación no encontró que las personas se volvieran delirantes de felicidad, sanas de pies a cabeza e inexorablemente motivadas a llevar a cabo grandes cantidades de ejercicio. Solo experimentaron mejoras mensurables en las tres áreas: no se vieron transformadas por completo. No obstante, es más que posible que te sigas preguntando cómo es que un ejercicio que parece tan humilde pueda producir tantos beneficios.

Quizá la respuesta se encuentre en el hecho de que la gratitud parece cambiar lo que sucede en el cerebro mismo. Por ejemplo, un estudio reciente que llevó a cabo Prathik Kini en la Universidad de Indiana utilizó aparatos de IRMF para investigar justo este asunto. Un grupo de participantes llevó a cabo un ejercicio de gratitud diferente durante veinte minutos, una vez por semana, durante tres semanas. Cuando los científicos escanearon los cerebros de estos participantes tres meses después, encontraron mayores niveles de actividad neuronal en el área medial de la corteza prefrontal.[12]

> **La gratitud parece cambiar lo que sucede en el cerebro.**

Así es, llevar a cabo ejercicios de gratitud que derivan en un total de apenas sesenta minutos dieron por resultado cambios cerebrales que pudieron medirse al menos tres meses después. Para mí, eso es algo bastante poderoso.

En fin, no sé tú, pero yo en lo personal me siento muy agradecido por el ejercicio de gratitud.

Arriba y adelante

- Ya sea que desees mejorar tu salud o tu condición física, empieza por escribir el valor que más atesoras. Escribe unos cuantos párrafos acerca de este valor para fortalecer tu determinación y prepararte para hacer cambios positivos en tu vida.
- Potencia tu determinación para cambiar aplicándote una nueva etiqueta de «realizador» (o más de una) a ti y a tu comportamiento. Elige un sustantivo o categoría que resuma lo que estás intentando lograr. Recuerda que esto puede ser tan idiosincrático como te plazca; aquí no hay respuestas incorrectas con tal de que funcionen para ti. Después, piensa en las acciones que debes realizar para hacer que tu nueva etiqueta (o etiquetas) cobre vida.
- Para alejar los antojos por alimentos poco sanos, pasa un minuto imaginando que estás comiendo bocado tras bocado de los mismos. Ya sea que te estés muriendo por algo dulce o algo salado, recuerda que este sencillo ejercicio mental podría ayudarte a reducir el apetito verdadero que tengas por ese alimento.
- Para evitar comer en exceso, apaga tu televisor. La televisión es una forma de distracción tan potente que puede superar la capacidad que tienen los receptores de saciedad integrados en tu cuerpo para detectar que has comido suficiente.
- También confía en las investigaciones que han mostrado que incluso los sonidos de fondo podrían alentar que comas en exceso. Poder escuchar los sonidos de tu propia masticación actúa como señal de monitoreo de consumo. Si de veras quieres evitar comer en exceso, considera que es mejor que centres toda tu atención en lo que comes; alejado de música, conversación y otros distractores.

- Potencia tu salud mental y física mediante adoptar una perspectiva más agradecida de los sucesos, sentimientos y situaciones que están pasando en tu vida. Escribir acerca de cosas que te hacen sentir agradecido puede tener diversos beneficios: es posible que te sientas más positivo acerca de tu vida, que tengas menos problemas físicos *y* que termines haciendo más ejercicio. Solo necesitas hacer el ejercicio de agradecimiento una vez por semana, de modo que es una variedad bastante impactante de beneficios por una muy pequeña inversión de tu tiempo.

10%

4

CÓMO TOMAR MEJORES DECISIONES

> **En todo asunto, de vez en cuando resulta saludable colgarle un signo de interrogación a las cosas que desde hace tiempo se dan por sentadas.**
>
> **BERTRAND RUSSELL**

¿Qué tipos de decisiones relacionadas con tu vida te están angustiando en este momento?

De inicio, una de mis clientes acudió a mí en busca de consejo porque no estaba del todo segura de la dirección que debía tomar su trayectoria profesional. Eleanor, una abogada de 37 años de edad, se estaba preguntando si debía renunciar a un puesto que requería de largas horas, pero remunerado con un elevado salario, para trabajar en un bufete de abogados más pequeño que le ofrecía un horario más cómodo, aunque con una sustancial reducción de ingresos.

Sin embargo, su situación resultó ser más compleja de lo que me había dejado ver de inicio. También estaba tratando de decidir si debía hacer el intento de embarazarse. Nunca había querido iniciar una familia durante sus veintes o al principio de sus treintas, pero ahora que se acercaba a su siguiente década de vida, temía que no tener hijos podría ser una decisión de la que se arrepentiría por el resto de su vida.

Y para complicar las cosas todavía más, ya no estaba segura de querer seguir en la relación que tenía con su pareja de varios años, Alex. Era un compañero confiable, pero era cada vez más frecuente que viera su estabilidad como algo un tanto empalagoso y aburrido.

¿Debía cambiar de empleo? ¿Realmente quería un bebé? Y, en ese caso, ¿quería iniciar una familia con Alex? ¿O acaso algunas de esas preguntas no eran sino síntomas de algo más que la estaba perturbando?

Pongo a tu consideración algunas de las decisiones a las que se enfrentan otros clientes y amigos míos. Jason se pregunta: ¿él y su esposa deberían vender la pequeña casa que tienen en la bulliciosa área central de Londres para mudarse a una casa más grande en una parte calmada del campo? Isabella está preocupada al considerar si debería renunciar al negocio de la familia para poder hacer algo que le resulte más satisfactorio, aunque también posiblemente más riesgoso. Emma no sabe si debería conseguirse un cachorrito o si debería adoptar un perro de mayor edad. A Keith le dijeron que el cáncer que padece se está extendiendo y tristemente tiene que lidiar con qué hacer a continuación: ¿debería someterse a una cuarta ronda de quimioterapia incómoda y emocionalmente agotadora o debería intentar con alguna de las demás alternativas que tiene, ninguna de las cuales puede garantizarle nada? El consultor de reclutamiento de personal, Lawrence, está considerando tomarse un año sabático para viajar y capacitarse como instructor de yoga.

Cuando tomamos este tipo de decisiones, una importante dificultad es que rara vez existe una única respuesta «correcta» o «incorrecta». Puede parecer confuso, atemorizante y preocupante sopesar todas las opciones disponibles, pero estamos de suerte. Grupos de psicólogos, matemáticos y economistas han sometido a prueba métodos que nos pueden ayudar a hacer que este tipo de elección sea menos angustiante, y en el presente capítulo veremos algunas de las técnicas más idóneas que pueden ayudarnos a tomar mejores decisiones.

Altera la forma en que piensas

Me gustaría empezar pidiéndote que trates de hacer un cambio muy pequeño. En breve, te explicaré por qué es pertinente para una mejor toma de decisiones. El reto implica mirar diez conjuntos de palabras. Cada uno se compone de unas pocas y tu tarea es convertir cada conjunto en una oración gramatical que las use todas. No te debería tomar mucho tiempo en absoluto.

tiene muchos la patrones naturaleza	empleados deben metódicos los ser
forma en trabaja sistemática	precisamente los tiempo miden relojes el
repisas sus Jennifer organizó	eficiente ambas teclear manos con resulta
una forma ordenada fila	analíticos inversionistas ser los deben
la predecible del hora amanecer es	lógica crímenes requiere resolver

Si necesitas las respuestas, podrás encontrarlas en las Notas al final del libro;[1] pero si de veras te tomaste el tiempo para desenredar las diez oraciones, aunque te resulte imposible creerlo, ya tienes mayores probabilidades de tomar mejores decisiones.

La tarea de desenredar palabras funciona porque te remite a la idea de estructura y de conceptos asociados, como patrones, orden, predictibilidad y relaciones causales. Y solo acordarte de la idea de la estructura de la vida puede ayudarte a tomar mejores decisiones.

A lo largo de una serie de estudios, un equipo de colaboradores de investigación liderados por Ryan Rahinel, de la Universidad de Cincinnati, mostró que el solo recordarles a las personas el concepto de estructura las ayudó a tomar mejores decisiones. Por ejemplo, los participantes que desenredaron oraciones que incluyeron palabras tales como «patrones» y «organizar» fueron más diligentes en su toma de decisiones que aquellos que desenredaron las mismas oraciones, pero con palabras tales como «azar» e «impredecible».

Si vuelves a mirar las diez oraciones enredadas que te presenté, verás palabras tales como «eficiente», «lógica», «ordenar» y «precisamente». De modo que es posible que hayas detectado el tema común que conectaba a las oraciones.

Pero el trabajo de Rahinel y sus colaboradores habría de mostrar que incluso los recordatorios *incidentales* acerca de la noción de estructura podían tener un beneficio similar. En un estudio adicional, el mismo equipo de investigadores les pidió a 92 participantes que leyeran un artículo acerca del crecimiento de los árboles. La mitad de los participantes leyó un artículo que describía que el crecimiento de los árboles sucedía de tal manera que creaba patrones y simetría. La otra mitad leyó un artículo similar, pero en esta ocasión describía que los árboles crecían de manera errática y poco sistemática.

Después, cuando a los participantes se les presentó una decisión que debían tomar, se volvió a hacer aparente una clara diferencia. Los participantes que leyeron acerca de la naturaleza estructurada del crecimiento de los árboles pasaron más tiempo con sus decisiones y, más tarde, afirmaron sentirse más seguros de haber tomado las decisiones correctas.[2]

Al escribir acerca de sus series de experimentos, Rahinel y sus colegas sugirieron que la idea de la estructura —o de la falta de la misma— puede afectar a las personas sin su conocimiento. Por ejemplo, vivir en un ambiente desordenado, caótico y desestructurado puede obstaculizar la toma de decisiones de las personas. Así es, tus espacios de vida y trabajo podrían estar teniendo un impacto sutil, pero mensurable, sobre tu capacidad para tomar mejores decisiones.

> **Vivir en un ambiente desordenado, caótico y desestructurado puede obstaculizar la toma de decisiones de las personas.**

A nivel personal, escribir acerca de estos hallazgos de investigación tuvo un efecto inmediato sobre mi comportamiento: ¡pasé dos minutos organizando el escritorio de mi oficina!

Configuración de tu entorno

La idea de la estructura aumenta el esfuerzo que las personas dedican a la toma de decisiones; y también las ayuda a sentirse más seguras de sí mismas y menos emocionalmente ambivalentes sobre sus decisiones finales. Así también, el trabajo de Ryan Rahinel y sus colaboradores sugiere que tu entorno físico *y* mental puede afectar tu toma de decisiones.

En términos de tu ambiente físico, esta investigación sugiere que quizá desees organizar tus espacios de trabajo y de vida. No quiero ponerme autoritario en cuanto a la cantidad de organización, limpieza y clasificación que deberías estar llevando a cabo; pero si sospechas que tus espacios de vida y trabajo son menos que completamente útiles, ahora podría ser el momento de repensarlos.

En términos de tu entorno mental, podrías intentar el siguiente ejercicio, que les sugiero a mis clientes. Tómate alrededor de cinco minutos para pensar acerca de cómo estructuraste u organizaste un proyecto o tarea anterior. Podría ser algo de tu vida laboral o personal, una empresa gigantesca o una tarea menor. Solo escribe lo que hiciste y la manera en que implementaste un plan o cómo controlaste o dispusiste las cosas.

Una vez que lo hayas hecho, habrás recordado la idea de estructura. Así, deberías estar mejor equipado para sopesar cualquier asunto o decisión a los que te estés enfrentando.

Elige la estrategia de toma de decisiones correcta

Mi teléfono inteligente actual está operando de manera algo pausada, así que estoy en el proceso de elegir uno nuevo. El problema es que hay una infinidad de modelos entre los cuales escoger. ¿Debería elegir Samsung, Apple, Google, Sony, Xiaomi, OnePlus u otro fabricante? Y cada uno difiere en cuanto a precio, tamaño y resolución de pantalla, peso, duración de la batería, poder de procesamiento, calidad de sonido... y la lista sigue y sigue.

Ahora bien, un economista podría sugerir que la mejor manera de elegir un teléfono sería establecer una lista definitiva de las características que se asocian con cada uno de los que se vende en el mercado. Quizá podría asignarle una puntuación, del uno al diez, digamos, para cada atributo del teléfono. Por ejemplo, podría decidir que la cámara de un teléfono merece un mediocre cinco de diez, mientras que la cámara de otro merecería un fabuloso nueve de diez. Y entonces podría sumar todas las puntuaciones de cada teléfono para tomar una decisión racional acerca del mejor teléfono para mí.

Evidentemente, consumiría demasiado tiempo evaluar de manera así de precisa las muchas docenas de teléfonos que hay allá afuera, de modo que una estrategia alternativa de toma de decisiones podría ser analizar un número más pequeño de teléfonos y solo un puñado de las características que me parezcan más pertinentes. Por ejemplo, no quiero un teléfono que sea demasiado pesado; y no puede ser tan grande que no quepa en el bolsillo del pantalón. Pero sí quiero que cuente con una buena cámara y con el espacio de almacenamiento suficiente para que pueda guardar las fotos y videos que me gusta tomar. De modo que quizá podría centrarme tan solo en esos cuatro factores: peso, tamaño, calidad de la cámara y almacenamiento. Y no tengo tiempo de evaluar absolutamente cada teléfono que está a la venta, así que quizá busque en línea, analice los 15 a veinte mejores teléfonos disponibles al momento y elija uno de esa manera.

Psicólogos encabezados por Barry Schwartz, de la Universidad de Swarthmore, distinguen entre dos estrategias de toma de decisiones. De modo que utilizar un enfoque comprensivo para encontrar la elección óptima se denomina maximizar. En contraste, encontrar algo que es «suficientemente bueno» se denomina satisfaciencia.[3]

> Encontrar algo que es «suficientemente bueno» se denomina satisfaciencia.

En teoría, maximizar —dedicar grandes cantidades de tiempo y esfuerzo para explorar todas las opciones posibles— debe conducir a mejores elecciones, pero eso no es lo que demuestran las investigaciones. Por ejemplo, considera un famoso experimento de campo que llevaron a cabo los científicos en psicología Sheena Iyengar, de la Universidad de Columbia, y Mark Lepper, de la Universidad de Stanford. Este par de investigadores colocó un kiosco de pruebas en un supermercado *gourmet* de California donde les ofrecían a los compradores la posibilidad de ver y comprar una variedad de mermeladas exóticas. En ocasiones, el kiosco les ofrecía a los compradores una amplia variedad de 24 mermeladas entre las cuales elegir. En otras, el kiosco les ofreció una variedad mucho más limitada, de solo seis mermeladas.

Ahora bien, podrías imaginar que los compradores estuvieron más contentos cuando se les presentó la variedad más amplia. De hecho, 60% de los compradores que vieron las 24 mermeladas se detuvieron en el kiosco para verlas más de cerca. En contraste, solo 40% de los compradores a los que se les ofreció la presentación de seis mermeladas se detuvieron a verlas.

Sin embargo, detenerte a mirar en realidad no es hacer una elección, y fue solo cuando los investigadores calcularon el número de personas que de hecho hicieron una compra que detectaron una clara diferencia. Cuando se ofrecieron las 24 mermeladas, un mísero 3% de los compradores (cuatro personas) terminaron comprando alguna de las mermeladas. Cuando se les ofreció la muestra mucho más pequeña de seis mermeladas, un enorme 30% de los compradores (31 personas) compraron el producto.[4]

El resultado parecería sorprendente. Nuestro instinto nos indicaría que tener más opciones debería facilitar que encontremos algo que satisfaga nuestras necesidades a la perfección. No obstante, sucede lo contrario: tener más opciones nos confunde y nos abruma; hace más difícil que tomemos cualquier tipo de decisión.

Tener más opciones nos confunde y nos abruma; hace más difícil que tomemos cualquier tipo de decisión.

Se ha encontrado ese mismo resultado en diversas áreas de nuestras vidas. Por ejemplo, otro estudio, que se publicó en la prestigiosa revista científica *Psychological Science,* analizó las estrategias de búsqueda de empleo que utilizaron graduados universitarios en busca de su primer trabajo después de finalizar sus estudios. Los investigadores, de nuevo encabezados por Sheena Iyengar, les pidieron a 548 hombres y mujeres jóvenes que describieran sus estrategias de toma de decisiones en la vida.

Clasificaron a algunos de los participantes como maximizadores, ya que estuvieron totalmente de acuerdo con afirmaciones tales como «Jamás me conformo con una segunda mejor opción» y «Siempre que me topo con una decisión, trato de imaginarme todas las demás posibilidades, incluso aquellas que no están presentes al momento»; en general, estas personas querían analizar la mayor cantidad de alternativas posibles para encontrar su mejor opción. A otros los clasificaron como satisfacientes; querían ahorrarse tiempo y esfuerzo al analizar las posibilidades hasta que encontraran algo que consideraran lo suficientemente bueno. Por ejemplo, los maximizadores indicaron que pretendían solicitar un promedio de veinte empleos. En contraste, los satisfacientes indicaron que lo más probable era que solicitaran empleo en alrededor de diez empresas.

En resumidas cuentas, los satisfacientes son los que, al final, terminaron mucho más contentos con el resultado de su búsqueda de trabajo. Los maximizadores informaron sentirse más pesimistas, cansados, ansiosos, estresados, preocupados, abrumados e, incluso, deprimidos a lo largo del proceso de búsqueda de empleo.[5]

Esa es una enorme lista de desventajas asociadas con ser un maximizador. De modo que si tomamos en cuenta este tipo de estudio, sabremos que las personas que utilizan la estrategia de maximización tienden a sentirse menos felices con sus elecciones al final. Una de las razones de esto es que tener que valorar muchas opciones tiende a requerir de una enorme cantidad de esfuerzo cerebral, de modo que resulta trabajoso y extenuante en términos mentales. Los seres humanos no son robots que pueden llevar a cabo millones de cálculos por segundo. Mientras más alternativas tratas de considerar en cada ocasión, más terminarás dándote cuenta de que es casi imposible tomar en cuenta absolutamente todo. Y cuando finalmente logres tomar una decisión o, más bien, si lo haces, es más que posible que termines preocupándote por las concesiones que tuviste que hacer a lo largo del camino y por las oportunidades que quizá hayas perdido.

Las personas que utilizan la estrategia de maximización tienden a sentirse menos felices con sus elecciones al final.

En la mayoría de las áreas de la vida, simplemente resulta imposible tomar decisiones perfectas. Cuando de encontrar trabajo se trata, lo más probable es que existan cientos, si no es que miles, de trabajos alternativos que podrías estar llevando a cabo. Y lo mismo sucede en el caso del sitio donde vives: existen muchos otros lugares en los que podrías vivir y, sí, varios de ellos podrían ser más económicos, más acogedores y más cercanos a un parque. ¿Y qué decir de la persona con la que estás saliendo? Considera a todas las personas sin compromiso que viven en tu rincón del planeta y es casi seguro que habrá alguien allá afuera que es más agradable, más gracioso, más ordenado, más atractivo o más aventurero y así sucesivamente. ¿Pero de veras estás dispuesto a salir con 10 000 personas para encontrar la supuesta persona perfecta?

Quizá parezca lógico tratar de maximizar nuestras estrategias de búsqueda para encontrar el trabajo, hogar o pareja perfectos; o los mejores restaurantes que visitar, programas de televisión que ver o, incluso, libros que leer. No obstante, todo el tiempo que se pasa ansiosamente sopesando opciones y sintiéndose paralizado por las posibilidades podría, de hecho, invertirse en disfrutar de mejor manera.

Aprender a aceptar lo «suficientemente bueno» en lugar de perseguir la perfección

Cuando se trata de tomar decisiones, considera que, en realidad, el cerebro humano no está equipado para tomar estas supuestas decisiones perfectas. Cuando te enfrentes a una decisión, acepta que la mayoría de las personas se sienten más felices, de hecho, cuando encuentran algo que es «suficientemente bueno», o incluso «estupendo», que cuando pasan demasiado tiempo intentando encontrar algo que supuestamente es «lo mejor».

Desde luego, dedica una cantidad adecuada de tiempo para reunir información y sopesar las alternativas. Elegir un auto, una laptop nueva, un plan de pensiones o un trabajo nuevo no es algo que debas hacer en un par de minutos. Pero si sospechas que eres alguien con tendencias perfeccionistas, pídeles a tus amigos y colegas que te ayuden a mantener estos instintos a raya. De vez en cuando, pregúntales: «¿Tengo la información que necesito para tomar una decisión o será que estoy pensando las cosas en exceso y cayendo en la indecisión?».

Lidiar con sobrecargas de información

La vida moderna nos ofrece un sinfín de opciones, y tratar de elegir puede ser abrumador, no solo cuando compras un nuevo celular, laptop u otro dispositivo o artículo de tecnología. Por un momento, imagina que necesitas elegir un proveedor de pensiones. Es una decisión importante: elegir a la empresa que esperas que administre tu dinero lo bastante bien como para que puedas tener una jubilación feliz y próspera. De nuevo, el rango de opciones puede dejarte perplejo.

Busca en línea y encontrarás docenas y docenas de proveedores. Además de que existe una buena cantidad de artículos escritos por diferentes periodistas y supuestos expertos que listan «las diez mejores pensiones privadas» o «los 12 mejores proveedores de pensiones del año»; ¡y hay veces en que estas listas pueden ser diferentes casi en su totalidad!

Así que, ¿cómo puedes tomar una decisión cuando te ves enfrentado a un exceso de opciones si distas de ser un experto en el tema?

Hace poco, este preciso problema se trató en una revista llamada *Review of Economics and Statistics*, que estoy seguro de que debe haber sido una lectura apasionante e interesantísima. ¿Quién necesita a Stephen King, a James Patterson o a otro autor de suspenso?

En fin, un equipo de expertos en toma de decisiones, liderados por Tibor Besedes, un profesor del Instituto Tecnológico de Georgia, llevó a cabo un experimento en el que les pidió a los participantes que evaluaran 16 complejos paquetes de servicios de salud. A fin de incentivar a los participantes a que se concentraran e hicieran su mejor esfuerzo, los investigadores ofrecieron pequeños premios en efectivo de hasta 25 dólares a los participantes que tomaran lo que los expertos juzgaran eran las mejores decisiones.

Al primer grupo le permitieron que analizara las 16 opciones de una sola vez. En otras palabras, utilizaron lo que se conoce como método de decisión simultánea para poder tratar de identificar el mejor de los paquetes en términos generales. Es el equivalente a tener los panfletos brillantes de las 16 alternativas colocados sobre una mesa o todos los datos en solo una hoja de cálculo al mismo tiempo.

A los participantes del segundo grupo se les pidió que utilizaran lo que se conoce como método secuencial de torneo: se les indicó que evaluaran los 16 paquetes de salud analizando grupos más pequeños de cuatro opciones a la vez. De modo que tal vez alguien comparó cuatro empresas llamadas As, Súper, Cuidado y Diamante para empezar; una vez que hubieran elegido el mejor paquete —el ganador del grupo— de ese grupo de cuatro, se les pedía que pasaran al siguiente grupo de, digamos, Extra, Excelencia, Brillo y Felicidad; después Arranque, Júbilo, Familiar y León, y quizá el cuarto grupo se hubiera compuesto de Máximo, Nexos, Oasis y Poder. Al final, se les dijo a los participantes que compararan los cuatro ganadores de cada grupo entre sí; en nuestro ejemplo podrían haber sido As, Brillo, Júbilo y Máximo. En esta ronda final debería surgir un ganador absoluto: quizá se tratara de Brillo, por ejemplo.

En fin, estoy seguro de que entendiste la idea. En lugar de comparar las 16 opciones en una sola oportunidad, estos participantes trabajaron en cinco rondas de comparaciones en las que hubo solo cuatro opciones a la vez.

Cuando Besedes y sus colaboradores analizaron los resultados encontraron que el método de torneo produjo decisiones significativamente mejores. De hecho, los participantes estuvieron en 50% más probabilidades de identificar la que los expertos consideraron era la mejor opción.

Claro que 50% más de probabilidades de obtener una respuesta correcta es un aumento considerable. Sin embargo, cuando los investigadores les platicaron a los participantes acerca de los diferentes métodos y les preguntaron qué método planeaban utilizar a futuro, se sorprendieron al enterarse de que el método de torneo era su opción menos preferida. En otras palabras, obtuvo los mejores resultados; pero fue el que menos quisieron utilizar las personas.[6]

De modo que esta es la lección. Cuando se trate de tomar una decisión de entre una variedad de opciones, *no* sigas tu corazonada. Nuestro instinto será comparar todas las opciones unas contra otras al mismo tiempo. Sin embargo, las investigaciones de los economistas conductuales sugieren que podríamos ayudarnos a nosotros mismos a tomar mejores decisiones por medio del método secuencial de torneo.

> **Podríamos ayudarnos a nosotros mismos a tomar mejores decisiones por medio del método secuencial de torneo.**

Uso del método secuencial de torneo para la toma de mejores decisiones

Siempre que te estés enfrentando a una decisión importante que implique comparar una docena o más de posibilidades, considera utilizar el método secuencial de torneo. Aumentas tus probabilidades de obtener el mejor resultado en más o menos 50%. Tienes que seguir estos pasos:

1. Divide el número de opciones que tengas en grupos de cuatro (más o menos). Por ejemplo, si cuentas con veinte posibilidades, eso implicará que crees cinco grupos de cuatro. Si tienes 22 posibilidades, querrá decir que tendrías varios grupos de cuatro y un par de grupos de cinco opciones cada uno.
2. Evalúa todas las opciones dentro de cada grupo y elige la que te parezca mejor.
3. Pon a cada uno de los ganadores de los grupos individuales en un nuevo grupo.
4. Por último, compara a los ganadores de las rondas individuales para decidir cuál es tu mejor opción.

Los investigadores encontraron que el método secuencial de torneo le funcionó a una amplia variedad de personas; a hombres y mujeres de todas las edades y también de distintos niveles educativos. Pero creo que es particularmente relevante para aquellas personas que son maximizadores. De modo que, si te das cuenta de que tiendes a ser un tanto perfeccionista y a preocuparte de más, entonces este método podría ayudarte no solo a ahorrar tiempo, sino también a tomar mejores decisiones. Lo que pienso al respecto es que el método de torneo tiene que ver con reducir la cantidad de información que se tiene que considerar en una sola ocasión.

> El método de torneo tiene que ver con reducir la cantidad de información que se tiene que considerar en una sola ocasión.

¿Resolvemos un ejemplo juntos? Supón que estoy pensando en comprar un auto usado, un *hatchback* que no tenga un kilometraje superior a los 24 000 km. He decidido que quiero que sea un cuatro por cuatro y tiene que ser rojo. Y no quiero gastar más de 40 000 dólares.

Ingresé exactamente estos requisitos en un sitio web popular de venta de autos y encontré 13 resultados. Por medio del método secuencial de torneo, tomé los primeros cuatro resultados y los comparé entre sí. De modo que mi primer grupo consta de un Mercedes-Benz A45, un Audi A1, un Nissan Qashqai y un *hatchback* Skoda Superb. Digamos que eliminé algunos de ellos porque no me gustaron los tonos de rojo o por alguna otra razón y que decido que mi favorito de estos cuatro —el ganador del primer grupo— es el Nissan Qashqai.

Después analizo el siguiente grupo de cuatro, que se compone de un Mini Countryman Cooper, un Subaru XV, un Ford Edge y un

Volkswagen T-Roc. En este grupo, el que más me gusta es el Mini Countryman Cooper.

Recuerda que tengo 13 opciones en total que debo comparar, de modo que mi último grupo tiene, de hecho, cinco autos diferentes. Y dentro de ese último, elijo un Mitsubishi Eclipse Cross.

Eso me deja con una última ronda de comparaciones entre el Nissan Qashqai, el Mini Countryman Cooper y el Mitsubishi Eclipse Cross. ¿Cuál de ellos gana? Por supuesto que no importa; es solo un ejemplo hipotético. Pero el punto es el siguiente: aunque alguna parte de mi psique me esté diciendo que simplemente debería comparar a todos los autos de una vez, prefiero confiar en la ciencia y pensar que este método estructurado probablemente me ayude a tomar una mejor decisión al final.

Retírate de tu situación

Hace poco Jerome, un amigo mío de 33 años de edad, empezó a salir con una mujer llamada Marla. Hubo una fuerte atracción física entre los dos y también pasaron mucho tiempo riéndose juntos.

Pero después de apenas seis semanas de estar saliendo, Marla soltó una bomba. Habían aceptado su solicitud de transferencia a una sucursal extranjera del banco en el que trabajaba. En unos pocos meses, empezaría un nuevo y emocionante trabajo… en Singapur. Y lo más probable es que estaría allí por al menos un año.

Marla de veras le gustaba a Jerome. Podía imaginarse en una relación genuinamente significativa con ella, pero estaba a punto de mudarse a casi 11 000 kilómetros y ocho husos horarios de distancia. Entonces, ¿debería continuar viéndola, quizá desarrollar sentimientos más profundos hacia ella y arriesgarse a la posibilidad de un corazón roto? ¿O era mejor romper la prometedora nueva relación a fin de evitar un mayor compromiso emocional?

Jerome realmente no podía decidir qué hacer, de modo que, mientras tomábamos un café, le sugerí que se eliminara de la ecuación. Le dije que se imaginara que era uno de sus amigos el que estaba enfrentándose a una situación similar.

«¿Qué le recomendarías a tu amigo?», le pregunté.

Unos días después, me mandó un mensaje de texto diciéndome que había terminado la incipiente relación. Cuando se imaginó dándole consejo a alguien más, había decidido que probablemente no habría tiempo suficiente para concretar la relación de tal modo que pudiera sobrevivir al hecho de continuarla a larga distancia.

Menos de una semana después, Jerome se sentía seguro de que había tomado la decisión correcta y ya estaba intercambiando mensajes con otras posibles candidatas.

Por supuesto, la idea de reflexionar acerca de una decisión difícil imaginándote que le está sucediendo a alguien más está sustentada por la ciencia. Es más que posible que Igor Grossman, científico conductual por la Universidad de Waterloo en Canadá, sea el líder en esta área de investigación. En diversos estudios, él y sus colegas han encontrado que las personas toman mejores decisiones —o lo que él y sus colegas llaman decisiones *más sabias*— cuando se les enseña a adoptar la perspectiva «autodistanciada» de un tercero.[7]

Las personas toman mejores decisiones cuando se les enseña a adoptar la perspectiva «autodistanciada» de un tercero.

Por ejemplo, supongamos que alguna editorial me ofrece (a mí, el autor, Rob Yeung) la oportunidad de publicar un libro. No obstante, quieren que les entregue un manuscrito de 60 000 palabras en apenas tres meses. Para ayudarme a tomar la mejor decisión posible, podría escribir algunas de las ventajas del contrato de publicación, como «Rob ganaría una buena cantidad de dinero si escribiera el libro» y «Podría hacer llegar su nombre a un nuevo público de lectores», pero también desventajas tales como «Seguro que Rob se pondría de malas y se cansaría por tener que llevar a cabo tres horas de investigación y escritura por las noches».

De modo que una manera de utilizar esta técnica es que escribas tu propio nombre y que consideres qué debería hacer esa persona. Pero hay un ejercicio de pensamiento alternativo que también podría serte de utilidad.

De manera todavía más interesante, investigadoras de la Universidad de Minnesota han encontrado beneficios de imaginar la forma en que algún personaje ficticio manejaría la situación. Las investigadoras Rachel White y Stephanie Carlson les pidieron a niños de hasta tres años de edad que resolvieran una serie de problemas bajo diferentes condiciones. A algunos de los niños les indicaron que adoptaran una perspectiva de primera persona: que utilizaran el pronombre «yo» cuando resolvieran los acertijos. A un segundo grupo le indicaron que tomaran una perspectiva autodistanciada hablando consigo mismos y usando sus propios nombres. Pero a un tercer grupo le pidieron que fingieran que eran alguien más, completamente diferente, y se les dieron cuatro opciones de personaje: Batman, Bob el Constructor, Dora la Exploradora y Rapunzel.

Después de someter a prueba a casi cien niños, las investigadoras hallaron que los individuos de tres años eran demasiado pequeños como para beneficiarse de estas técnicas. No obstante, los niños de cinco años tuvieron un mejor desempeño cuando adoptaron la perspectiva autodistanciada de un tercero a diferencia de la perspectiva de primera persona. Y también tuvieron un mejor desempeño cuando asumieron la identidad de un personaje ficticio.[8]

Por supuesto, el estudio se llevó a cabo con niños muy pequeños, pero otros estudios confirman que los adultos que se imaginan que un problema está afectando a alguien diferente de ellos mismos también solucionan problemas de manera más eficaz.[9] Y eso tiene bastante sentido. Después de todo, hay un buen número de adultos que se preguntan «¿Qué haría Jesús?». Y también he escuchado a algunos adultos que se preguntan «¿Y qué haría Beyoncé?».

Toma distancia de lo que está sucediendo a tu alrededor

Adoptar un punto de vista diferente —específicamente, la perspectiva autodistanciada de un tercero— favorece mejores decisiones y juicios. Esta técnica se ha comprobado no solo en la toma de decisiones personales, sino también cuando se ha pedido a los participantes que evalúen situaciones sociales, económicas o políticas complicadas; como cortes de presupuesto en educación, o el impacto del cambio climático.[10]

La siguiente vez que te sientas indeciso entre dos opciones o que estés tratando de evaluar la mejor manera de lidiar con una situación difícil, imagina que estás aconsejando a alguien más. Quizá te sirva escribir lo que está sintiendo o pensando esta persona que comparte tu nombre. O simplemente utiliza pronombres en tercera persona para hablar acerca de lo que «él» está pensando y sintiendo o de lo que «ella» podría hacer a continuación.

Otros estudios han mostrado que escribir en tercera persona también ayuda a las personas a mantener sus emociones a raya. De modo que es posible que sirva fingir que se le está dando consejo a alguien más, porque ayuda a distanciarse del enojo, temor, tristeza y otros sentimientos, y así se pueden tomar decisiones que son más racionales.

Arriba y adelante

- Considera que los recordatorios incidentales de la idea de estructura, por muy irrelevantes que parezcan, pueden ayudarte a tomar mejores decisiones. Así que considera la cantidad de estructura que existe tanto en tu entorno físico como en tu entorno mental. En el mundo físico, incluso tener una habitación más ordenada y un escritorio más organizado podrían ayudarte a tomar decisiones más confiables. O, a fin de prepararte a nivel mental, escribe acerca de alguna vez que estructuraste u organizaste un proyecto en el trabajo o en tu hogar.
- Recuerda las diferencias entre los estilos de maximización y satisfaciencia en la toma de decisiones. En teoría, la maximización podría parecer mejor, pero recuerda que nosotros los humanos contamos con capacidades limitadas de procesamiento de información. La satisfaciencia tiene que ver con invertir el tiempo suficiente para encontrar algo que sea «bueno» o incluso «estupendo» en oposición a agotarte tratando de encontrar ese elusivo algo «perfecto» que posiblemente no exista. Si tienes tendencias perfeccionistas y de indecisión, pregúntales a tus amigos: «¿Estoy pensando esto en exceso?».
- Cuando te enfrentes a una sobrecarga de opciones —por ejemplo cuando tienes una docena o más de posibilidades— utiliza el método secuencial de torneo para reducir la presión mental. Divide el número de opciones que tengas en grupos de alrededor de cuatro. Elige la mejor opción de cada uno de los grupos. Después, haz una comparación final entre las mejores opciones para seleccionar tu elección final.
- Cuando te veas enfrentado con casi cualquier otro tipo de decisión difícil, imagina cómo aconsejarías a un amigo en una situación idéntica. Escribe usando pronombres distintos; habla acerca de lo que deberían hacer «él» o «ella» y analiza «sus» opciones. O bien, utiliza tu propio nombre para autodistanciarte del problema y darte una mayor claridad de pensamiento.

10%

5

POTENCIA TU CREATIVIDAD E INVENTIVA

> La imaginación es más importante que el conocimiento.
>
> **ALBERT EINSTEIN**

Para ti, ¿qué significa la palabra «creatividad»? Si eres como la mayoría de las personas, lo más seguro es que jamás le hayas dedicado gran cantidad de tiempo a pensarlo. O quizá lo consideres como una habilidad o cualidad que las personas necesitan únicamente si están involucradas en la pintura, la realización de películas, la moda o las artes. Pero yo diría que es una de las habilidades más importantes que debes desarrollar si quieres mejorar tu trayectoria profesional, tu salud, tus relaciones, tus finanzas o casi cualquier otra parte de tu vida.

Esto se debe a que otros psicólogos y yo pensamos que la creatividad es el proceso de mejorar las cosas, economizar en tiempo, ahorrar dinero y hacer las cosas de mejor manera que antes. ¿Y quién no quiere mejorar las cosas, economizar en tiempo y hacer todo mejor que antes?

Quizá estés buscando alguna manera de reparar algo en la casa y no cuentas con las herramientas o materiales correctos; tendrás que encontrar alguna otra forma de hacerlo. O estás estudiando y quieres encontrar un mejor sistema para organizar tus apuntes a fin de que puedas repasarlos con mayor eficacia. Tal vez estás tratando de motivar a un colega, sorprender a un amigo o inyectarle nueva vida a tu relación. Eres un padre o una madre que está buscando maneras de mantener entretenidos a los niños. O eres un ejecutivo que necesita idear un producto o servicio que tus clientes quieran comprar. Todas estas situaciones se beneficiarían de una que otra idea y, por supuesto, eso requiere de la creatividad.

Ahora bien, hay algunas personas que creen que la creatividad es un don, algo innato con lo que naces; algo que tienes o no. Pero, al parecer, eso no es lo que indican las investigaciones. Docenas de estudios confirman que la creatividad no es fija; se ve afectada por la manera en que piensas, en que sientes y por lo que sucede a tu alrededor en cualquier momento dado. En otras palabras, puedes elegir expandir tus horizontes y volverte más creativo de manera consciente en el momento en que estés listo para hacerlo.

Los estudios confirman que la creatividad no es fija; se ve afectada por la manera en que piensas, en que sientes y por lo que sucede a tu alrededor.

Permítete ser merecedor de una mayor creatividad

Antes de que analicemos maneras de potenciar tu creatividad, déjame que te haga una pregunta: ¿exactamente qué tan creativo crees que eres?

Los investigadores en psicología someten a prueba la creatividad de las personas en una variedad de formas. Para ilustrar uno de estos métodos, supón por un momento que te ofreciste de manera voluntaria a participar en un estudio acerca de la creatividad. Llegas al laboratorio de la experimentadora y se te dice que te van a hacer una breve prueba de tu capacidad para generar ideas.

La investigadora te pide que te sientes. Te da una pluma y unas hojas de papel y te dice «Quiero que te imagines que un restaurante cerró hace poco y que desocuparon un espacio. El restaurante quitó todos los equipamientos y los muebles, de modo que el espacio quedó completamente vacío. Me gustaría que pases cinco minutos pensando en el mayor número de ideas que puedas de cómo podrías llenar el espacio».

Verifica que hayas entendido la tarea y después acciona un cronómetro para darte exactamente cinco minutos para que la lleves a cabo.

Una vez que se te acabe tu tiempo, se llevará tus respuestas para que las evalúen al menos dos expertos, que van a valorar la creatividad de tus ideas.

Esta prueba de generación de ideas se utiliza ampliamente para medir el tipo de creatividad que ayuda a las personas a idear soluciones prácticas, pero novedosas; lo que los psicólogos llaman «creatividad divergente».

Y, para mantener las cosas interesantes, es frecuente que los investigadores cambien la situación. Por ejemplo, es posible que te pidan que pienses en el mayor número posible de usos que puedes darle a una cuchara. O el mayor número posible de formas que puedas identificar para reducir la contaminación y proteger al medio ambiente.

En todo caso, las investigadoras Emily Zitek, de la Universidad de Cornell, y Lynne Vincent, de la Universidad Vanderbilt en Nashville, encontraron que la generación de ideas de los participantes se veía aumentada de manera significativa a través de un ejercicio de escritura de cinco minutos de duración. De hecho, estas investigadoras hallaron que el ejercicio de escritura también potenciaba la creatividad en otras diversas pruebas de pensamiento creativo, incluyendo una tarea de dibujo en la que las personas necesitaban utilizar su imaginación para hacer bosquejos de cosas que jamás habían visto.

Así que, ¿de qué trataba este ejercicio de escritura?

Las investigadoras les pidieron a los participantes experimentales que escribieran las razones por las que debían demandar lo mejor de la vida, las razones por las que merecían más que los demás, y las razones por las que deberían obtener lo que querían en la vida. En otras palabras, a los participantes se les pidió que pensaran acerca de las razones por las que quizá fueran mejores que los demás y merecedores de cosas buenas.

Otros grupos de participantes control escribieron las razones por las que *no* debían demandar lo mejor de la vida, las razones por las que *no* merecían más que los demás y las razones por las que *no* debían esperar obtener lo que querían en la vida. Cuando se comparó la producción creativa de los dos ejercicios de escritura, quedó claro que los participantes experimentales que aumentaron su autovalía se desempeñaron de manera significativamente más creativa. Por ejemplo, cuando se les pidieron ideas creativas de usos posibles para un sujetador de papeles, los participantes experimentales no solo generaron más ideas en total, sino que expertos juzgaron que sus respuestas habían sido más genuinamente novedosas también.[1] En otras palabras, el ejercicio de escritura de la autovalía no solo potenció la cantidad, sino también la calidad de las ideas.

Resulta evidente que nadie escribiría de manera deliberada acerca de las razones por las que no debería demandar lo mejor, por las que no merece más que los demás o por las que no debería esperar obtener aquello que desea en la vida. No obstante, la desafortunada verdad es que hay veces en que resulta fácil sentirnos derrotados y deprimidos, o repetirnos mensajes negativos tales como «No sirvo para nada» o «Jamás conseguiré lo que quiero». En especial, cuando experimentamos rechazo o fracaso es posible que reduzcamos nuestras propias expectativas de manera inadvertida.

> **Por más que resulte desafortunado, hay veces en que resulta fácil sentirnos derrotados y deprimidos, o repetirnos mensajes negativos.**

Trabajo con muchos clientes que acuden a mí porque se sienten desanimados o atascados en una rutina. Muchos se sienten crónicamente ignorados en el trabajo o han sufrido tropiezos en sus vidas personales. Otros han recibido rechazos repetidos por parte de empleadores. Por desgracia, eso puede colocar a esas personas en un círculo vicioso: sus adversidades los hacen sentir deprimidos y decepcionados y esa desilusión los hace menos creativos y menos capaces de encontrar soluciones novedosas que los ayudarían a salir de la situación en la que se encuentran.

Es posible que la técnica de la autovalía funcione porque rompe ese círculo. Recordarnos a nosotros mismos que valemos la pena parece aumentar la creatividad porque nos ayuda a ver que somos diferentes. Al sentirnos más únicos y especiales nos volvemos más dispuestos a retar las convenciones y a romper las reglas, algo que deriva en una mayor cantidad de pensamiento legítimamente creativo.

De modo que la siguiente vez que quieras pensar en una idea revolucionaria o en una solución innovadora, considera primero prepararte a nivel mental. Recuérdate por qué debes esperar lograr tus metas en la vida y quizá te ayudes a ti mismo a liberar tus talentos creativos.

Siéntete merecedor de la creatividad

Con base en las instrucciones que utilizaron las investigadoras Emily Zitek y Lynne Vincent deberías ser capaz de potenciar tu creatividad divergente con tan solo pasar algunos minutos escribiendo tus respuestas a tres preguntas. Para cada una de ellas, necesitas pensar en tres respuestas.

- ¿Por qué deberías demandar lo mejor de la vida?
- ¿Por qué mereces más que otras personas?
- ¿Por qué deberías obtener lo que quieres en la vida?

Recuerda que necesitas listar tres razones para cada una de estas tres preguntas. Así que eso significa que tendrás que pensar en nueve razones en total. Una vez que pases algunos minutos pensando en tus nueve razones, deberías estar mejor preparado a nivel mental para pensar de manera más creativa.

Al sentirnos más únicos y especiales, nos volvemos más dispuestos a retar las convenciones y a romper las reglas.

Permítete retroceder hacia el pasado

Por allí a finales de los noventa empecé mi trayectoria profesional como consultor en gerencia estratégica para una gran empresa estadounidense de consultoría, donde básicamente pasaba mi tiempo analizando cifras de costos y ventas para ayudar a mis clientes a identificar nuevas maneras de hacer más dinero. Y era frecuente que escuchara de parte de mis clientes y de mis colegas que querían soluciones más creativas; que querían «pensar fuera de la caja» o llevar a cabo lo que llamaban «pensamiento de cielo azul». Incluso, recuerdo que uno de nuestros clientes nos alentaba a pensar «como si no existiera la caja».

En gran medida, este tipo de terminología ha perdido popularidad. De hecho, si utilizas las mismas frases en la actualidad, lo más probable es que te respondan con risitas de desprecio o que la gente eleve sus ojos al cielo tras tus espaldas. Pero el mensaje detrás de estos dichos es que el pensamiento creativo a menudo implica romper las reglas, ir en contra del *statu quo*, ignorar todo lo que los demás parecen estar haciendo e imaginar que cualquier cosa es posible.

Lo que pasa es que todos solíamos ser mucho mejores de lo que somos en la actualidad en cuanto a pensar de manera verdaderamente creativa. Dale marcha atrás al reloj a cuando éramos niños y, por supuesto, no sabíamos lo que eran las reglas. No estábamos enterados de que existía un *statu quo*. Inventábamos monstruos y alienígenas, hadas y mundos imaginarios, y hacíamos lo que nos daba la gana.

Dale marcha atrás al reloj a cuando éramos niños que todavía no sabían lo que eran las reglas.

Crecer tiene todo que ver con aprender a comportarte en formas que la sociedad determina que son adecuadas. Ser un buen miembro del equipo en el trabajo a menudo implica que sigamos las reglas, tanto las explícitas como las que no están escritas, acerca de la manera en que deberían o no deberían hacerse las cosas. Aprendemos a seguir rutinas y a no decir todo lo que pensamos. A fin de cuentas, aprendemos que, como adultos, no debemos comportarnos de maneras tontas o ridículas; es un insulto que alguien diga que otro adulto es *infantil.* Pero ser infantiles de vez en cuando puede realmente ayudarnos a ser más creativos.

Las investigaciones apoyan nuestra intuición en cuanto a que los niños están menos limitados por reglas. Por ejemplo, por allá en la década de los ochenta, las investigadoras Elizabeth Rosenblatt y Ellen Winner pasaron algún tiempo analizando los dibujos creados por niños de diversas edades y concluyeron que los niños tendían a caer dentro de tres fases diferentes de pensamiento creativo, que denominaron los años preconvencionales, convencionales y postconvencionales.

Los niños preconvencionales, de menos de alrededor de ocho años de edad, creaban obras de arte que a menudo parecían estrafalarias, incorrectas o incompletas. Por ejemplo, un dibujo de «mi papá» podía contar con demasiados brazos o con una cabeza minúscula. Pero Rosenblatt y Winner encontraron que estos eran los niños que tendían a producir las obras realmente más originales; poco diferentes de las creaciones rocambolescas y abstractas de Pablo Picasso o Paul Klee. Estos niños no habían aprendido las convenciones acerca de cómo debían o no debían ser los dibujos.

Los niños de entre ocho y 12 años caían en la categoría de lo convencional: sus creaciones artísticas tendían a guiarse cada vez más por los convencionalismos que indicaban qué aspecto debían tener los dibujos. Y a los niños de 12 años en adelante se les consideraba postconvencionales, ya que para ese momento la mayoría había aprendido a respetar las formas acostumbradas de representar personas, animales, objetos y escenas.[2]

Perfecto. De modo que los niños muy pequeños realmente podrían ser más creativos. ¿Y cómo ayuda eso a los adultos?

Alentar a los adultos a adoptar una mentalidad más semejante a la de un niño potencia su creatividad.

Los psicólogos investigadores Darya Zabelina y Michael Robinson, de la Universidad Estatal de Dakota del Norte, se preguntaron si tan solo alentar a los adultos a adoptar una mentalidad más semejante a la de un niño podría ayudarlos a potenciar su creatividad. Reclutaron a 76 estudiantes universitarios para un experimento en el que les pidieron a todos que contestaran una serie de pruebas de pensamiento creativo divergente.

Sin embargo, justo antes de contestar las pruebas, les pidieron a los estudiantes que pasaran siete minutos escribiendo un ensayo. Se les indicó que imaginaran que las clases se habían cancelado y que tenían todo el día para sí mismos. Después, se les pidió que escribieran lo que harían con su tiempo.

Pero su experimento contaba con un pequeño giro. La mitad de los estudiantes leyó un conjunto de instrucciones que incluían cinco palabras adicionales. Decían: «Tienes siete años de edad».

Los alumnos del estudio que imaginaron tener el día libre como adultos tendieron a responder que revisarían sus correos electrónicos, que dormirían más tiempo, que harían los quehaceres de su casa, que irían al gimnasio o que tratarían de ponerse al corriente con sus estudios. A continuación podrás ver un ejemplo de lo que escribió uno de los estudiantes a los que se les dijo que imaginaran que tenían siete años:

> Lo primero que haría sería ir a la heladería para comprarme el cono de helado más grande que tuvieran. Luego iría a la tienda de mascotas a ver a

los perros. Después de eso, iría a ver a mi abue para jugar cartas con ella. Después me haría unas galletas y me tomaría un enorme vaso de leche. Después iría a caminar, me reuniría con mis amigos e iríamos a jugar al parque...

Evidentemente, los investigadores esperaban que imaginarse como niños de siete años potenciaría la creatividad de los alumnos, ¿pero exactamente cuáles serían los beneficios?

Pues resultó que los dos grupos pensaron en el mismo número de ideas. Los alumnos que escribieron como si tuvieran siete años no pensaron en un mayor número de ideas que los estudiantes que escribieron acerca de sus días libres como adultos.

La diferencia entre ambos grupos no se evidenció sino hasta que expertos externos valoraron la originalidad de las diversas ideas. Escribir como si tuvieran siete años ayudó a dichos participantes a generar ideas que se juzgaron como más originales y únicas.[3]

En otras palabras, ir de regreso a sus infancias no los ayudó a crear *más* ideas; pero sí les ayudó a pensar en ideas *mejores,* que eran más intrigantes y novedosas. O, para expresarlo de otra manera, adoptar una mentalidad más infantil parece afectar la calidad, más que la cantidad, de ideas.

Deshazte de suposiciones y convenciones adultas

Los investigadores Darya Zabelina y Michael Robinson señalan que crecer y madurar para convertirnos en adultos típicamente lleva a modos de pensar y de comportarse que «están más sujetos a las reglas, y son más rutinarios y, a menudo, menos flexibles y creativos». No obstante, sus investigaciones sugieren que con tan solo escribir acerca de una situación como si fueras una criatura de siete años puede ayudarte, al menos de manera temporal, a liberarte de algunas de estas reglas y convencionalismos.

Si deseas potenciar la originalidad de tu pensamiento, primero permítete entre cinco y diez minutos para escribir acerca de las actividades de un día como si fueras un niño o niña de siete años. Haz uso de tus recuerdos de actividades favoritas y utiliza tu imaginación para describir cómo podrías pasar tu tiempo. Nadie más verá lo que escribas, así que déjate ir por completo y permítete ser genuinamente juguetón, curioso e infantil.

Tal vez te preocupe parecer tonto o ridículo al fingir que tienes siete años. Es posible que haya otros adultos: tu jefe, tus colegas, amigos o familiares, que se burlen de una idea como esta. Pero nadie está diciendo que le tengas que contar a otras personas qué es lo que estás haciendo. Esta puede ser una técnica secreta que quede solo entre nosotros dos. Únicamente recuerda que escribir como si fueras un niño es un ejercicio preparatorio que te dejará listo para ser más creativo. Sin embargo, tendrás que pasar cierta cantidad de tiempo realmente intentando ser más creativo.

En todo caso, confía en las investigaciones. Si quieres mejorar tu creatividad divergente y pensar en ideas más genuinamente diferentes, aliéntate a recapturar el espíritu de juego y de exploración ilimitada que son tan característicos de los niños pequeños. Y cosecha los beneficios de un pensamiento más infantil... en el mejor de los sentidos.

Para pensar en ideas más genuinamente diferentes, aliéntate a recapturar el espíritu de juego y de exploración ilimitada, que son tan característicos de los niños pequeños.

Aprovecha la psicología creativa del sonido

¿Habías notado que parece haber cada vez más cafeterías? Personalmente, me agrada bastante que haya cada vez más y más cafeterías independientes que ofrecen un café de mejor calidad del que pueden ofrecer las grandes cadenas de restaurantes. También ofrecen entornos más agradables para trabajar; yo hago una buena porción de mis investigaciones llevando mis lecturas de un lado para el otro, en lugar de estar frente a un escritorio o confinado en mi hogar.

Resulta evidente que no soy el único al que le gusta trabajar en ellas, por cierto. Entra a la mayoría de las cafeterías y a menudo verás a más de la mitad de los clientes escribiendo en sus laptops o revisando sus teléfonos. Entonces, ¿cuál es la razón por la que a tantas personas les gusta trabajar en estos pequeños sitios? ¿Será que hay algo en las cafeterías que, de hecho, nos ayuda a trabajar mejor?

¿Será que hay algo en las cafeterías que, de hecho, nos ayuda a trabajar mejor?

Estas fueron algunas de las preguntas que se exploraron en una serie de estudios encabezados por Ravi Mehta, catedrático especialista en negocios y mercadotecnia de la Universidad de Illinois, en Urbana-Champaign. En particular, él y sus colegas se aprestaron a analizar los efectos del ruido ambiental (de fondo) sobre la producción creativa.

De inicio, los investigadores grabaron el ruido ambiental de tres ubicaciones: el interior de una cafetería, junto a una carretera y cerca de una obra en construcción. Después, mezclaron todos los sonidos para crear una sola grabación de ruido de fondo mezclado.

A continuación, Mehta y sus colaboradores reprodujeron el ruido de fondo a distintos niveles de volumen a diferentes grupos de participantes. Algunos escucharon un ruido ambiental leve (medido a cincuenta decibeles de volumen), otros un ruido moderado (setenta decibeles) y un tercer grupo escuchó un ruido fuerte (85 decibeles). Un cuarto grupo quedó en una habitación por demás silenciosa.

Entonces, los participantes de los cuatro grupos respondieron una prueba de creatividad que se conoce como la prueba de asociaciones remotas. Si quieres, puedes intentarla. Imagina que se te presentan hileras con tres palabras, una a una. Tu desafío es pensar de manera creativa a fin de identificar una cuarta palabra que conecte a las tres palabras iniciales, remotamente asociadas, de manera conceptual.

Por ejemplo, podría presentarte las siguientes tres palabras:

fugaz	polvo	actor

Una palabra correcta que podría conectar a esas tres sería «estrella». Podemos hablar de una «estrella fugaz» y de las partículas cósmicas que se conocen como «polvo de estrellas»; pero nota que «estrella» también puede ser un término coloquial para un actor; de modo que la palabra conectora solo tiene que *relacionarse* con las tres que se te presentaron. No es necesario utilizar la palabra conectora para crear otras palabras o frases.

Intenta con algunas de ellas; te dejo las respuestas en la sección de Notas al final del libro:[4]

patinaje	escultura	cubo
ruedas	montar	comedor
de cambio	muñecas	hogar
cadáver	tiempo	mar
corona	arreglo	novia

Con un poco de suerte, podrás ver que la prueba de asociaciones remotas requiere de cierto grado de pensamiento lateral. Se debe encontrar una manera de conectar conceptos que al principio podrían parecer desvinculados.

Es una especie de destreza creativa que podría resultar de utilidad en todo tipo de contextos de la vida real. Por ejemplo, podrías llegar a casa una noche y descubrir que te quedan tres artículos en tu refrigerador. ¿Cómo puedes hervirlos, hornearlos, freírlos o combinarlos de alguna manera para producir una cena digna de comerse? O supón que se conoce a tu empresa por fabricar una cantidad limitada de productos y ahora tú quieres lanzar un servicio que complemente tu línea de productos original.

En fin, regresemos a la investigación experimental. Los investigadores encontraron que los setenta decibeles de ruido potenciaban la creatividad a diferencia de los 85 decibeles, los cincuenta decibeles o la ausencia de ruido de fondo.

Pero, a menos de que seas un físico o un ingeniero de sonido, deja que te explique estas cifras en contexto. Un volumen de 85 decibeles es fuerte. Es el sonido de un despertador muy estridente. O quizá el nivel de ruido al que estarías expuesto si estuvieras parado en medio del tránsito a alta velocidad. De hecho, la Autoridad de

Salud y Seguridad del Reino Unido indica que los empleadores deben ofrecer protección auditiva para los trabajadores que se vean expuestos de manera constante a ese nivel de ruido.

Cincuenta decibeles es un nivel de ruido de fondo que las personas podrían no notar. Si te sientas en tu cocina, el compresor de tu refrigerador bien podría estar generando un zumbido de alrededor de cincuenta decibeles. O podría ser el nivel de ruido que escucharías si estuvieras oyendo una lluvia ligera.

En contraste, setenta decibeles son típicos de un restaurante o cafetería ocupados, pero no excesivamente llenos. Con este nivel de sonido, es posible que tuvieras que levantar la voz ligeramente para que te puedan escuchar.

De modo que setenta decibeles fue el nivel óptimo para la creatividad según se midió a través de la prueba de las asociaciones remotas. Y este nivel de ruido es el que se encontró que era mejor en una y otra ocasión cuando el equipo de investigación midió la creatividad por medio de varias pruebas a lo largo de un total de cinco experimentos.[5]

Por lo general, las personas son más creativas cuando se ven expuestas a cantidades moderadas de ruido.

Por lo general, las personas son más creativas cuando se ven expuestas a cantidades moderadas de ruido. Pero, ¿por qué? Pues bien, la creatividad no puede forzarse. El cerebro necesita poder soñar y vagar y saltar de un pensamiento a otro, y Mehta y sus compañeros investigadores encontraron que el ruido ambiental «induce una disfluencia de procesamiento».

En términos sencillos, el ruido nos distrae, y vernos un poco distraídos por un nivel moderado de ruido (setenta decibeles) parece permitirle a nuestro cerebro entrar en una especie de estilo libre donde puede pensar de manera más lateral. Sin embargo, un exceso de ruido (85 decibeles) es tan distractor que altera por completo nuestra capacidad de pensamiento, y mucho más del pensamiento creativo.

Encuentra tu punto sónico ideal

Las investigaciones de Ravi Mehta y sus colegas encontraron que el ruido de fondo a setenta decibeles ayudó a sus participantes experimentales a ser más creativos que aquellos que se vieron expuestos ya fuera a cincuenta o a 85 decibeles de ruido.

No te estoy sugiriendo que compres un sonómetro para que midas el ruido ambiental que está a tu alrededor en cualquier momento. No obstante, las investigaciones sugieren que podría ser una buena idea que estés más al tanto de lo que está sucediendo a tu alrededor y que encuentres maneras de manipular tu entorno para que se ajuste a tus necesidades creativas.

Si trabajas en un ambiente ruidoso, considera dirigirte a un café cercano donde puedas pensar de manera más creativa. O, si eso no te resulta posible, considera el uso de audífonos supresores de ruido o, incluso, unos humildes tapones para oídos para reducir el ruido a niveles más tolerables.

Por otro lado, si trabajas en un sitio demasiado silencioso —por ejemplo, si trabajas desde casa o en un estudio asilado— también considera ir a un sitio donde haya un poco más de actividad. O ponte tus audífonos e instala una *app* de ruido blanco en tu celular. Muchas de estas *apps* son gratuitas y es posible que te permitan elegir de entre un menú de sonidos: vida silvestre, tormentas eléctricas, cafeterías, tráfico y demás.

Terminaré esta sección con un par de salvedades; unas cuántas palabras de advertencia. Antes que nada, las investigaciones *no* indican que verse expuesto a niveles moderados de ruido beneficie todos los aspectos de la productividad laboral. Los setenta decibeles solo potenciaban la creatividad; esa capacidad particular que nos permite generar ideas novedosas. De modo que no te bombardees con ruidos de fondo con la esperanza de que eso te ayudará de manera definitiva con esa hoja de cálculo, para aprender material para un examen, para escribir un informe o para llevar a cabo otras tareas. ¿Quién sabe? Tal vez te sirva de algo, pero dado que todavía no se han llevado a cabo los estudios pertinentes, simplemente no sabemos qué sucede, ni en un sentido ni en otro.

En segundo lugar, nótese que recomendé ruido de fondo a diferencia de música de fondo; y eso es porque, de hecho, es posible que la música obstaculice la creatividad en lugar de potenciarla. Hace poco, investigadores encabezados por Emma Threadgold, de la Universidad de Lancashire Central, reprodujeron diferentes tipos de música a los participantes mientras intentaban resolver una variación de la prueba de asociaciones remotas.

Algunos de los participantes escucharon música instrumental sin letra; otros escucharon música con letra en inglés; y otros más escucharon música con letra en otros idiomas. Pero, de hecho, los tres tipos de música redujeron la creatividad de los participantes.[6]

> Probablemente la música obstaculice la creatividad en lugar de potenciarla.

Así que resulta posible que el ruido de fondo sea benéfico para la creatividad, pero que no suceda lo mismo en el caso de la música.

Claro que estás en plena libertad de hacer lo que más te parezca, pero es por esas razones que estoy escuchando los sonidos de lluvia y truenos a través de mis bocinas Bluetooth al tiempo que escribo precisamente estas palabras.

Permite que tu cuerpo y tu mente vaguen

Hace no mucho tiempo trabajé con el director creativo de una galardonada agencia de publicidad en Soho, en el centro de Londres. Esta agencia ha creado algunas de las campañas más famosas del planeta para fabricantes de autos, marcas de jeans, empresas de teléfonos celulares u otras marcas que reconocerías al instante.

El director creativo, un hombre bronceado y canoso al final de sus cincuentas y que se vestía tan a la moda como alguien en sus veintes, afirmaba que algunas de sus mejores ideas le habían venido mientras daba una caminata alrededor de la cuadra en la que se hallaban sus oficinas. A inicios de su trayectoria profesional, solía salir varias docenas de veces al día para poder fumar, pero en lugar de solo quedarse allí parado fumando decidió que le convenía más aprovechar el tiempo para hacer una caminata energética. Dejó de fumar hace cerca de diez años, pero sigue saliendo a hacer sus frecuentes caminatas.

Se mantuvo firme en que sus caminatas le habían ayudado a concebir algunas de sus mejores ideas y me sugirió que todo el mundo debía hacer lo mismo. No obstante, el problema con ese tipo de consejo es que, en potencia, es demasiado específico. Es decir, ¿hacer una enérgica caminata solo beneficia a los directores creativos que trabajan en publicidad? ¿O puede ayudar a cualquiera a ser más creativo?

El simple hecho de salir a caminar puede potenciar la creatividad divergente.

Los investigadores de la Universidad de Stanford, Marily Oppezzo y Daniel Schwartz, sospechaban que el simple hecho de salir a caminar podía potenciar la creatividad divergente, pero pusieron a prueba su hipótesis de una manera francamente ingeniosa.

Los investigadores emprendedores reclutaron a cuarenta adultos para un experimento que sometería su creatividad a prueba. No obstante, el par de investigadores no solo examinó la creatividad de las personas después de, digamos, salir a caminar contra quedarse sentados. Antes de probar su creatividad, los investigadores dividieron a los participantes en cuatro grupos y le pidieron a cada grupo que llevara a cabo una actividad diferente.

Un grupo se quedó sentado adentro, en el laboratorio (condición a la que llamaremos de sentados adentro). Un segundo grupo caminó en una caminadora dentro del laboratorio (caminata adentro).

Un tercer grupo caminó afuera por una ruta que los llevaba alrededor del campus universitario (caminata afuera), mientras que el grupo final se sentó en sillas de ruedas mientras los asistentes de investigación los empujaban por el campus durante la misma cantidad de tiempo (sentados afuera).

¿Te das cuenta de lo que hicieron los investigadores? Creo que esto fue de lo más ocurrente porque, en esencia, pudieron someter a prueba los efectos de dos condiciones separadas: caminar (contra quedarse sentados) y estar afuera (contra estar adentro).

Los investigadores mandaron todas las pruebas de creatividad de los participantes a que las calificara un experto al que no se le dio información acerca de los diferentes grupos. Y, cuando regresaron los resultados, encontraron que los participantes que se quedaron sentados en el laboratorio (sentados adentro) generaron un promedio de 3.5 ideas novedosas.

En contraste, los participantes que utilizaron la caminadora (caminata adentro), generaron 5.3 ideas nuevas. De modo que el solo acto de caminar resultó beneficioso.

Y todavía más: el grupo que se sentó en las sillas de ruedas y al que empujaron por el campus (sentados afuera) generó 4.9 ideas novedosas. Estos participantes no hicieron ejercicio alguno, pero de todos modos fueron significativamente más creativos que los participantes que se quedaron adentro. Evidentemente, el acto de estar al aire libre también potencia la creatividad.

Sin embargo, los participantes que caminaron fuera del laboratorio (caminata afuera) fueron los más creativos de todos y, en promedio, generaron 9.3 ideas nuevas. Si lo contrastamos con las 3.5 ideas que generaron quienes se sentaron adentro, resulta evidente que estamos hablando de una ventaja gigantesca.[7]

Si lo desglosamos, parecería que aquí están funcionando dos efectos separados. Salir a caminar potencia la creatividad. Y estar afuera también potencia la creatividad, pero la máxima potencia se alcanza si combinas las dos cosas y sales a caminar al aire libre.

Salir a caminar potencia la creatividad. Estar afuera también potencia la creatividad.

De modo que resulta que el director creativo de esa agencia de publicidad tenía toda la razón: salir a caminar puede haber contribuido de manera importante a su creatividad. Estas investigaciones también concuerdan con mi propia experiencia.

Por años he llevado al perro de la familia, Byron, a salir a caminar. A menudo he encontrado que muchas de mis mejores ideas me han venido mientras me paseo por el pavimento o vago en los parques. A causa de eso, siempre llevo mi teléfono conmigo para poder capturar mis pensamientos cuando sea que se me ocurran.

A menudo también llevo a Byron y a mi laptop a algún café, y es durante estas sesiones que tengo algunas de mis mejores revelaciones en términos de cómo estructurar el capítulo de algún libro o de cómo escribir algún artículo de investigación específico. Ahora, todo eso tiene sentido para mí. Cuando primero me topé con los datos científicos —no solo aquellos relacionados con caminar al aire libre, sino también con el estudio del ruido ambiental de Ravi Mehta y sus colaboradores— pude ver que algunas de mis soluciones pueden haber llegado a mí a causa de la combinación de tres factores: estar caminando, estar afuera *y* verme expuesto a la actividad de un ruidoso café.

Ejercita tu creatividad

El estudio de Marily Oppezzo y de Daniel Schwartz comprueba que tanto caminar como estar afuera pueden beneficiar la creatividad de manera separada. Haz una caminata adentro y podrás obtener un impulso mensurable en tu creatividad, en tu capacidad para generar ideas novedosas. Entonces, ¿por qué no simplemente caminas alrededor de tu edificio por un rato?

O bien, otra manera de mejorar tu creatividad es que salgas al aire libre. Tan solo sentarte afuera puede proporcionarte la suficiente estimulación mental como para potenciar tu creatividad. Sin embargo, para obtener el máximo estímulo a tu creatividad combina ambas actividades y ve afuera a caminar.

Claro que caminar no solo potencia tu creatividad. Todos sabemos que caminar es bueno para el cuerpo; te ayuda a mantenerte en forma y saludable. Pero caminar también tiene otras ventajas psicológicas. De hecho, obtuve mi doctorado en psicología por medio de una investigación acerca de los antecedentes y consecuencias psicológicas del ejercicio. O, en un idioma no cargado de jerga, ¿por qué solo algunas personas se ejercitan y qué obtienen de ello?

En un estudio, un colega y yo encontramos que solo 15 minutos de ejercicio moderado elevó el estado de ánimo de las personas de manera significativamente mayor que el mismo periodo de tiempo que los participantes pasaron sentados y descansando en silencio.[8] Y hay investigaciones posteriores que han mostrado que el ejercicio ni siquiera necesita ser de intensidad moderada: incluso caminar por un tiempo tan breve como de diez a 15 minutos también puede mejorar el estado de ánimo de las personas de maneras mensurables.[9]

En el capítulo 1 discutimos métodos para ganarle al estrés, pero, en realidad, caminar es una técnica ganar-ganar-ganar que nos ayuda a mejorar en muchos sentidos. Ganamos porque quemamos calorías y nos mantenemos saludables y en forma. Ganamos porque levantamos nuestro estado de ánimo y mantenemos el estrés a raya; y ganamos porque también elevamos nuestra creatividad a niveles superiores.

> **En realidad, caminar es una técnica ganar-ganar-ganar que nos ayuda a mejorar en muchos sentidos.**

Introduce limitaciones mentales para potenciar el pensamiento creativo

Hasta este momento, en el capítulo hemos abarcado una amplia variedad de métodos para potenciar la creatividad: aplicar técnicas psicológicas, alterar nuestro ambiente físico y poner nuestros cuerpos en movimiento. Finalizaré con un método sencillo que utilizo con frecuencia cuando llevo a cabo talleres con dueños de negocios o con equipos de gerentes que están tratando de generar ideas verdaderamente novedosas.

Un grupo de investigadores holandeses, liderados por Eric Rietzschel, de la Universidad de Groningen, en los Países Bajos, quería explorar la creatividad de las personas bajo circunstancias diferentes. ¿Las personas son más creativas cuando se les dan problemas amplios que deben resolver? ¿O generan mejores ideas cuando su atención se centra en problemas más estrechos y específicos?

Por ejemplo, imagina que eres el dueño de una pequeña cadena de tiendas de ropa que vende a hombres, mujeres y niños. Quieres que tus empleados piensen en ideas para que el negocio sea más exitoso. Una pregunta amplia podría ser algo como: «¿Qué ideas tienen para poderles vender más artículos de ropa a nuestros clientes?». En contraste, una pregunta más estrecha podría ser: «¿Qué ideas se les ocurren para vender más ropa para mujeres?».

O digamos que diriges una cafetería escolar y quieres ideas de cómo alentar a los niños a los que alimentas a comer de manera más saludable. Podrías plantearles a tus colegas una pregunta amplia como: «¿Cómo podríamos convencer a los niños de la escuela para que tomen decisiones alimentarias más apropiadas?». O podrías plantear una pregunta más específica como: «¿Cómo podemos lograr que los niños de la escuela coman más verduras?».

En todo caso, Rietzschel y sus colaboradores les pidieron a 102 estudiantes de la carrera de psicología que consideraran una de dos preguntas. A la mitad de los estudiantes se les proporcionó una pregunta amplia: acerca de la manera en que podrían hacer posibles mejoras que tuvieran que ver con «la educación en el departamento de psicología». A la otra mitad se les dio una pregunta más estrecha: ¿cómo podrían hacer mejoras específicas que tuvieran que ver con «las cátedras del departamento de psicología»?

Por supuesto que las cátedras son un tema más estrecho porque solo son un subconjunto de la experiencia educativa general, que implica la elaboración de ensayos, el trabajo de grupo, los exámenes y otras herramientas educativas. Pero ahora es momento de tratar de adivinar. ¿Qué preguntas serán mejores para potenciar la creatividad: las amplias o las estrechas?

Cuando me topé por primera vez con este dilema, razoné que las preguntas amplias podrían conducir a una mayor creatividad; después de todo, una pregunta amplia significa tener menores limitaciones, de modo que supuse que llevaría a un tipo de pensamiento más libre, loco y novedoso.

Pero estaba equivocado; porque resulta que, en el experimento, las instrucciones más limitadas llevaron, de hecho, a un mayor número de ideas originales.

Los investigadores encontraron que los participantes no generaron más ideas en total cuando se les dieron instrucciones más estrechas. No obstante, hubo una mayor proporción de ideas que se juzgaron como genuinamente innovadoras. En otras palabras, un marco de referencia más estrecho (como la mayoría de las demás técnicas del presente capítulo) no afecta la cantidad de las ideas, pero aumenta su calidad.[10]

Un marco de referencia más estrecho no afecta la cantidad de las ideas, pero aumenta su calidad.

Lidia con los problemas y las oportunidades de uno en uno

Si quieres generar más ideas realmente originales, considera dividir el asunto general en una variedad de preguntas de menor envergadura. Claro que esto podría significar que te lleve más tiempo lidiar con el tema en su totalidad, pero trata de verlo como una inversión que, a la larga, debería reditual ideas de mejor calidad. Por ejemplo, evita preguntarles a los miembros de tu familia «¿Cómo podemos reducir los gastos de la casa?». En lugar de ello, trata de centrar su atención en preguntas más manejables como: «¿Cómo podemos reducir nuestros gastos de servicios?» y «¿Cómo podemos reducir lo que gastamos en víveres?».

O bien, si eres un gerente de negocios y quieres mejorar tu servicio a clientes, una pregunta amplia (y menos eficaz) podría ser «¿Como mejoramos nuestro servicio a clientes?». En lugar de ello, algunas preguntas más dirigidas y estrechas podrían ser: «¿Cómo podemos mejorar el servicio que les ofrecemos a nuestros cincuenta clientes más importantes?» y «¿Cómo podemos mejorar el servicio a clientes en cada una de nuestras regiones geográficas?».

Adoptar un marco de referencia más estrecho puede funcionar porque nos aleja de la ley del menor esfuerzo. Cuando se nos permite generar ideas relacionadas con un tema muy amplio, es posible que nuestros cerebros elijan las opciones más sencillas; centrarse en las ideas que requieren del menor esfuerzo para su generación. En contraste, cuando nos centramos únicamente en un aspecto o subcategoría particular del problema más general, quizá obligamos a nuestros cerebros a funcionar con mayor intensidad. Y ese nivel adicional de esfuerzo nos puede ayudar a identificar esas ideas que de veras resulten, aunque sea un poco, más creativas.

Arriba y adelante

- Para potenciar tu creatividad, primero ayúdate a sentirte especial y único. Pasa algunos minutos escribiendo acerca de las razones por las que deberías demandar lo mejor de la vida, por las que mereces más que otras personas y por las que deberías obtener lo que deseas. Es poco probable que sentirte así a diario te sea de utilidad en todos los aspectos de la vida real —podrías dar la impresión de ser un chiquillo malcriado— pero como ejercicio de una sola vez se ha mostrado que deriva en un mejor pensamiento creativo.

- A fin de abrir tu mente a las posibilidades creativas, dedica un tiempo a escribir acerca de cómo podrías pasar un día si de nuevo fueras un niño de siete años de edad. Recuerda que este tipo de ejercicio podría parecerle frívolo o tonto a algunas personas, pero jamás tienes que enseñarle lo que escribiste a nadie más. Ni siquiera es necesario que reveles que utilizas este tipo de ejercicio.
- Sé más consciente de la cantidad de ruido ambiental al que estás expuesto. Recuerda que los ambientes demasiado silenciosos pueden no siempre ser los más conducentes a la creatividad. Al mismo tiempo, ten en cuenta que los ambientes demasiado ruidosos también son propensos a reducir tu creatividad.
- Recuerda que una de las intervenciones más poderosas a tu disposición es simplemente salir a caminar. Incluso caminar en interiores potencia la creatividad (así como el estado de ánimo); pero para que obtengas el máximo beneficio para tu mente creativa, ve a dar un paseo afuera. Por supuesto, también estarás ejercitando tu cuerpo y podrías terminar con un mejor estado de ánimo.
- A fin de generar ideas que sean significativamente más novedosas, intenta centrarte en temas más estrechos. Recuerda que plantear preguntas amplias tales como «¿Cómo puedo ser más feliz en el trabajo?» tienden a originar menos ideas realmente originales que las preguntas más limitadas como «¿Cómo puedo sentirme más feliz en mi relación con mis compañeros de equipo?» y «¿Cómo puedo sentirme más feliz en mi trabajo con clientes?». No obstante, ten en cuenta que quizá necesites más tiempo para reflexionar acerca de un mayor número de preguntas más limitadas.

10%

6

SÉ INTELIGENTE CON TU APRENDIZAJE, MEMORIA Y DESEMPEÑO

> **Las mentes son como paracaídas.**
> **Solo funcionan cuando se abren.**
>
> **JAMES DEWAR**

No solo cuando estamos en la escuela necesitamos aprender. El mundo está en constante cambio y necesitamos seguir aprendiendo y mejorando en lo que hacemos, o corremos el riesgo de quedarnos atrás. Y no solo estoy hablando de los cambios tecnológicos. Las recomendaciones de salud van cambiando: debes comer más de esto, pero en definitiva no comas aquello. Los políticos cambian. Los negocios cambian. Las cosas que la sociedad considera aceptables para decirnos unos a otros —y las cosas que no debemos decirnos— también cambian.

Quizá necesites memorizar los productos o servicios más recientes de tu empresa, o quieras aprender algunas palabras y frases en francés, español o chino mandarín para darte a entender en algún viaje futuro. Tal vez quieras desarrollar una habilidad, como tejer o tocar el piano, patinar en hielo o jugar al golf.

El aprendizaje es un proceso continuo que abarca la totalidad de la vida. ¡Pero hace poco me enteré de una noticia fabulosa! En un sitio web leí que los científicos habían logrado potenciar el aprendizaje de manera bastante significativa; tan solo al indicar a los participantes experimentales que se saltaran una que otra comida.

No debería resultar tan difícil, ¿no crees? Y dado que alrededor de dos tercios de los adultos en los países occidentales tienen sobrepeso o, incluso, son obesos, quizá esa técnica también le convendría a nuestras cinturas.[1]

Por desgracia, me enteré en el segundo párrafo del artículo que los participantes experimentales no habían sido humanos. Ni siquiera eran perros o ratones. Habían sido gusanos redondos de la especie de los nematodos.[2]

Ahora bien, no estoy diciendo que comer menos *no* potencia el aprendizaje y la memoria en los seres humanos. Quizá suceda, quizá no. El punto es que no hay evidencia concluyente que compruebe cuál sería el efecto de un ayuno ocasional. Simplemente no estamos listos para decirlo todavía.

Por desgracia, el estudio que supuestamente potenciaba el aprendizaje, en nematodos, no fue el único. Es frecuente que, en los medios, me tope con titulares engañosos que afirmen que hacer X o Y puede potenciar el aprendizaje, la adquisición de habilidades y la memoria. Pero si ahondas un poco, es posible que descubras que algunos de esos métodos solo se han sometido a prueba en animales no humanos. Y hay otros que no están sustentados por evidencia en lo absoluto. De modo que en este capítulo analizaremos cuatro de las mejores técnicas que se ha comprobado que potencian el aprendizaje, la memoria y el desempeño (en humanos).

El mundo está en constante cambio y necesitamos seguir aprendiendo y mejorando en lo que hacemos, o correremos el riesgo de quedarnos atrás.

Reconstrucción de conocimientos para potenciar el aprendizaje

Cuando tienes que estudiar para una prueba o un examen, ¿cómo te gusta aprender?

A lo largo de los años me he topado con todo tipo de métodos de estudio. A algunas personas les gusta usar resaltadores de texto de diferentes colores para destacar las frases importantes en sus libros. A otros les agrada tomar apuntes a partir de lo que leen. Unos cuántos tienen por costumbre tratar de resumir sus ideas en tarjetas y otra opción es hacer diagramas para tratar de representar las relaciones entre los conceptos clave. Otros cuantos solo leen, leen y releen sus libros y apuntes. ¿Pero qué funciona en realidad?

El científico en psicología, Jeffrey Karpicke, de la Universidad de Purdue, es una autoridad respetada en el campo de la investigación en aprendizaje y memoria. En un estudio ahora famoso que se publicó en la reconocida revista *Science*, Karpicke y su colaboradora, Janell Blunt, decidieron someter a prueba algunos métodos comunes utilizados por estudiantes y aprendientes en todo el planeta. Eligieron a ochenta alumnos y les pidieron a todos que estudiaran un texto breve acerca de la ciencia de las nutrias marinas, un tema que se eligió en virtud de su relativa opacidad. Dividieron a los estudiantes en cuatro grupos y les dieron instrucciones diferentes en cuanto a cómo debían aprender el material para una prueba posterior:

- Al primer grupo se le dio solo cinco minutos para leer y memorizar lo más que pudieran de la totalidad del texto.
- Al segundo grupo se le dio la oportunidad de estudiar el texto en diversas ocasiones. Estos participantes estudiaron por cinco minutos y después tomaron un descanso de un minuto. Después estudiaron durante otros cinco minutos adicionales y descansaron otro minuto más. Repitieron esto dos veces más hasta que completaron un tiempo de estudio total de veinte minutos.
- Al tercer grupo se le dio cinco minutos iniciales para leer el material antes de que a sus miembros se les enseñara un método de aprendizaje que se denomina mapeo de conceptos. Un mapa conceptual es un diagrama en el que las ideas se presentan como nódulos y las relaciones entre ellos se representan mediante líneas (como ejemplo, incluí un mapa conceptual que contiene la cuarta parte del mapa conceptual total para este libro; resume la introducción y los primeros tres capítulos). A estos participantes se les dieron 25 minutos para revisar el texto relacionado con las nutrias marinas y para crear uno con base en dicha revisión.
- Al cuarto grupo se le dio un total de cinco minutos para leer el texto. Después, se retiró el texto y a los pobres participantes se les pidió que contestaran una prueba sorpresa por escrito de lo que habían aprendido. La prueba duró un total de diez minutos. Después, les dieron cinco minutos adicionales para que estudiaran el texto antes de volverlos a someter a otra prueba más, de diez minutos, para que escribieran lo que recordaban.

Salud/pérdida de peso
Come en silencio
• 24% de reducción en la ingesta
No veas televisión mientras comes
• la TV reduce el dolor
• distrae
• 36% de reducción en calorías
Crea una identidad positiva
• sé un «realizador»
• después identifica las acciones
Categoriza valores y escribe acerca del número 1
Sé *agradecido*
• una vez por semana
• 5 cosas que agradeces
• también potencia la felicidad
Imagina que comes
• limita el consumo
• ¡dulce o salado!
• ¡cine!
• ¡*buffets*!
• ¡en cualquier momento!
Motivación/ metas
Aproximación > evitación
• busca lo que debes hacer, NO lo que no debes hacer
• aspira a lograr
Planea a la INVERSA
• trabaja de adelante hacia atrás en el tiempo
Metas específicas > metas amplias
• ¿vínculo con la depresión?
• implementación de intenciones de «*si... entonces...*»
Fíjate en la b-r-e-c-h-a NO en el progreso
• mantente insatisfecho
Empodera la negación
• di «no» ➔ siéntete en control
• di «no puedo» ➔ alguien más está en control
• resiste la tentación
• dile a otros
Adueñate de los términos despectivos / Cambia las etiquetas
• «Palos y piedras podrán romperme los huesos»
el estrés es PERCIBIDO
• cómo te *sientes/piensas*
Estrés
Efectos físicos y psicológicos
Evita expresar emociones
• habla acerca de tu pasión, no de tus emociones
Significado/ propósito
• futuro
• escribir reduce el cortisol
• hasta tres meses de beneficios
• escribir ✓
• hablar ×
Correo electrónico
• REVÍSALO MENOS
• cambia costos
Ecforia
• indicios ➔ recuerdos positivos
• p. ej. fotos
• beneficios por IRMf

Una semana después, todos los participantes regresaron al laboratorio para un examen final que evaluaría qué tanto aprendieron. De modo que ¿cuál técnica crees que haya conducido a los mejores resultados?

Si vuelves a leer la descripción de los cuatro grupos, estoy seguro de que podrás ver que el primer grupo, que solo tuvo cinco minutos de exposición al material, se vio gravemente obstaculizado. Después de todo, los demás grupos tuvieron la oportunidad de ver el texto por periodos mucho más largos. Y, en el examen final, estos participantes solo obtuvieron calificaciones de 27 por ciento.

Recuerda que los participantes del segundo grupo pudieron concentrarse en el material de estudio por cuatro sesiones que duraron cinco minutos cada una. No es de sorprender, entonces, que estos participantes hayan tenido bastante más éxito en la prueba y que hayan obtenido una calificación de 49 por ciento.

¿Qué tipo de ventaja crees que obtuvo el grupo al que le dieron la oportunidad de dibujar sus propios mapas conceptuales? Después de todo, este grupo no solo leyó el texto, sino que también tuvo que comprender la relación entre ideas al nivel suficiente como para poder dibujar un diagrama que las representara. Pero, tal vez de manera sorprendente, los participantes que elaboraron los mapas conceptuales solo obtuvieron puntuaciones de 49%. Crear un mapa conceptual no resultó más beneficioso que leer el texto una y otra vez.

Al cuarto y último grupo solo se le permitió que leyera el material por un total de diez minutos. Sin embargo, pasaron el doble de tiempo —veinte minutos— viéndose obligados a recordar lo que pudieran acerca de las nutrias marinas. Y fue este grupo el que tuvo el mejor desempeño. En el examen final, estos participantes obtuvieron una impactante calificación de 67 por ciento.[3]

En otras palabras, si quieres aprender algo bien, no solo lo leas una y otra vez. Ni tampoco te molestes en hacer mapas sofisticados. En lugar de ello, para fijar algo en tu memoria evalúate en lo que sea que estás tratando de memorizar. De hecho, sométete a prueba de manera repetida, ya que la ciencia muestra que te estarás ayudando a recordarlo mejor a la larga.

Para fijar algo en tu memoria, evalúate en lo que sea que estás tratando de memorizar.

Céntrate en la producción, más que en el ingreso

Los psicólogos consideran que la memoria implica al menos dos procesos. La codificación (o lo que yo prefiero llamar ingreso) es el proceso de meter conocimientos en tu cabeza por medio de leer un libro, ver un video o conferencia, tomar apuntes o crear diagramas, y así sucesivamente. En contraste con eso, la recuperación (o lo que yo suelo llamar producción) es la parte del proceso de la memoria que implica traer la información de vuelta de donde la almacenaste para que la puedas utilizar; por ejemplo, para presentar un examen por escrito o para enseñársela a alguien más.

El estudio de Karpicke y Blunt es sumamente importante porque demuestra que el aprendizaje eficaz no solo implica codificación/ingreso, o tratar de embutir información en tu cabeza. En cambio, es mucho mejor pasar una mayor porción de tu tiempo en la recuperación/producción mediante pruebas, pruebas y más pruebas.

Muchas personas creen que el aprendizaje tiene más que ver con ingresar que con producir. Piensan en el ingreso —embutir información en el cerebro— como si fuera la parte más importante de la ecuación. De hecho, muchas personas piensan que la producción es un proceso pasivo que solo implica regurgitar el conocimiento que ya está allí, pero no es así. Producir es un proceso activo que refuerza la memoria y el aprendizaje.

Cuando enseño este hallazgo de investigación en conferencias, es frecuente que equipare al cerebro con una enorme biblioteca. Digo: piensa en tu cerebro como una biblioteca del tamaño de una ciudad que está formada por miles de edificios idénticos, cada uno de los cuales es de cien pisos de altura. Solo imagina filas y filas de estos enormes, pero indistinguibles edificios. Cada piso de cada edificio cuenta con cientos de habitaciones, y cada habitación está atiborrada de miles de archiveros de metal a la vieja usanza.

Ahora, imagina que ingresar, aprender algo por primera vez, es como tener a una especie de archivista mental, una especie de pequeño elfo, que teclea algunas palabras en una hoja de papel y después la mete en un fólder que necesita guardarse en una de estas habitaciones en uno de los pisos de alguno de estos edificios. Perfecto; ya quedó codificada.

Pero cuando quieres recordar esa información, necesitas enviar a uno de tus pequeños archivistas a viajar por toda tu ciudad de la memoria para que llegue al edificio correcto, localice el piso correcto y no solo llegue a la habitación correcta, sino que también encuentre el archivero, el fólder y la hoja de papel donde está escrita la información.

El peligro es que la información se encuentra en algún lugar dentro de un fólder, pero tu archivista no recuerda dónde, de manera que se pierde para siempre.

Pero la manera para encontrarla de nuevo es mediante la producción y al entrenar al archivista mental a recordar dónde puso la hoja de papel. Y mientras más veces produzcas, más experto se volverá el archivista en encontrar el sitio exacto en el que se encuentra.

Las investigaciones relacionadas con la importancia de la producción se han llevado a cabo desde hace mucho. Recuerdo que leí acerca de este tipo de estudio cuando estaba estudiando mi último año de psicología en la universidad. Y cuando llegaba el momento de repaso para mis exámenes finales, sí, claro que pasaba mucho tiempo leyendo libros de texto, estudiando publicaciones en revistas y tomando apuntes de todo. Pero pasaba mucho, pero mucho más tiempo examinándome. Me obligaba a escribir ensayos enteros en respuesta a verdaderas preguntas de examen que se habían utilizado en años anteriores. Y cuando se me acababan los exámenes anteriores, inventaba mis propias preguntas de examen y escribía respuestas de ensayo completas para esos también. Probablemente pasaba diez a veinte veces más tiempo produciendo que ingresando.

A causa de eso, jamás me sentí terriblemente estresado durante los exámenes finales. Escribía ensayos cerca de nueve horas de cada día, no solo trataba de recordar la información, sino que también intentaba darle forma en un conjunto de argumentos estructurados. Y cuando llegaba el momento de los exámenes finales, me sentía bastante seguro de mí mismo. A fin de cuentas, me gradué con honores (algo que menciono no para presumir, sino como prueba de que dedicarle más tiempo a la recuperación/producción me funcionó en definitiva).

Quizá tengas que presentar exámenes escritos en tu futuro, o quizá no, pero considera aplicar estas investigaciones a otras áreas de tu vida. Por ejemplo, quizá quieras aprender lo suficiente de un idioma extranjero como para que te des a entender en tus próximas vacaciones. O tal vez necesites memorizar un discurso que darás en una boda o la presentación que te asignaron en el trabajo. Sea cual sea tu situación, pasa menos tiempo ingresando y más tiempo produciendo.

Sea cual sea tu situación, pasa menos tiempo ingresando y más tiempo produciendo.

Como ejemplo final, cuando me estoy preparando para dar un discurso en alguna conferencia, paso un poco de tiempo tomando notas y pensando en los puntos principales que quiero abarcar. Pero después practico mi presentación una y otra vez. Probablemente invierto tres a cuatro veces más tiempo en la producción —ensayando mi discurso en voz alta— del que dediqué a la preparación del discurso mismo.

Aprende mientras hablas en voz alta

Personalmente, nunca me han gustado los audiolibros. Incluso cuando me sometí a cirugía láser en los ojos hace algunos años (para corregir mi miopía) y se me indicó que me recuperara en una habitación oscurecida con mis ojos cerrados durante un día entero, se me dificultó concentrarme en escuchar un audiolibro. Sin embargo, sé que más de unos cuantos amigos y clientes escuchan audiolibros de superación personal y que lo ven como una excelente manera de aprender. Pero, ¿en realidad lo es?

Los psicólogos científicos, Noah Forrin y Colin MacLeod, de la Universidad de Waterloo en Canadá, diseñaron un experimento para comprobar los efectos de la palabra escrita contra la hablada para mejorar la memoria; también tenían otro par de preguntas que querían someter a prueba. Al escuchar la palabra hablada, ¿importaría *quién* la dijera? Y, más específicamente, si escuchabas el material leído en *tu propia* voz a diferencia de en la voz de un desconocido, ¿habría alguna diferencia?

Los investigadores empezaron su experimento pidiéndoles a 75 participantes que acudieran a un estudio de grabación para que leyeran una lista de 160 sustantivos en voz alta. Dos semanas después, a todos se les invitó de regreso para que estudiaran y memorizaran los sustantivos. Sin embargo, dividieron a los participantes en cuatro grupos.

- El primer grupo se sentó y estudió la lista de palabras en silencio. Así que aunque de inicio habían leído la totalidad de la lista en el estudio de grabación, en esta ocasión se les pidió que memorizaran las palabras en silencio.
- Un segundo grupo escuchó una grabación de la lista de palabras, pero leída por los dos experimentadores. Al igual que todos los demás participantes, ya habían leído la lista de palabras en voz alta en el estudio, pero ahora escucharon la lista leída en las voces de otras personas.
- El tercer grupo escuchó sus propias grabaciones de audio.
- A un cuarto grupo se le volvió a mostrar la lista de palabras y se le pidió que las leyeran en voz alta una segunda vez. Los investigadores incluyeron este grupo adicional porque se preguntaron si el leer las palabras de manera activa afectaría a la memoria de manera distinta que solo escuchar las palabras de manera pasiva.[4]

De modo que, ¿la palabra hablada le ganó a leer en silencio? Sí. Los investigadores encontraron que los participantes del segundo grupo, que escucharon las grabaciones de desconocidos tuvieron un mejor desempeño en la prueba de memoria que los participantes del primer grupo, que solo leyeron la lista en silencio.

Esa es una excelente noticia si eres fanático de los audiolibros. Escuchar a alguien más que lee el material puede, de hecho, potenciar tu aprendizaje más que cuando el material se lee en silencio.

Pero los investigadores encontraron que el tercer grupo, que escuchó sus propias grabaciones, tuvo un desempeño todavía mejor. Y es exactamente lo que habían esperado Forrin y MacLeod, ya que la mayoría de las personas tienden a ser algo egoístas: prefieren prestarle mayor atención a sus propias voces que a las de los demás. Entonces, cuando te escuchas a ti mismo leyendo algo en voz alta, ese material se arraiga de manera más profunda en tu memoria.

> **Cuando te escuchas a ti mismo leyendo algo en voz alta, ese material se arraiga de manera más profunda en tu memoria.**

Pero el cuarto grupo fue el que mejor se desempeñó en la prueba de memoria. ¿Por qué? Pues estos participantes no solo leyeron las palabras de manera pasiva en silencio. Ni tampoco escucharon de manera pasiva a las palabras que alguien más les leyó. No, estas personas vieron las palabras y tuvieron que mover los músculos de sus rostros y cuellos a fin de articular las palabras en voz alta y escucharon las palabras con sus oídos. Y las palabras que escucharon fueron en su propia voz. Fue un golpe cuádruple.

Sácale provecho al efecto de producción

El efecto de producción saca su nombre del hecho de que decir palabras en voz alta tiende a derivar en un mejor recuerdo que solo leerlas en silencio. Por supuesto, a menudo las circunstancias no harán posible leer en voz alta; por ejemplo, si estás manejando tu auto, resultaría increíblemente peligroso que trataras de leer un libro. Y si estás en un tren o en un avión, es poco probable que los demás pasajeros muestren muchísimo entusiasmo si empiezas a leer en voz alta.

Pero, en términos más generales, recuerda la jerarquía de los métodos de aprendizaje, listados en orden desde el menos eficaz hasta el más eficaz:

- Leer en silencio (el menos eficaz).
- Escuchar a alguien más leyendo.

- Escucharte a ti mismo leyendo.
- Leer en voz alta (el más eficaz).

La implicación debería resultar evidente. Sea que eres un vendedor que necesita memorizar la variedad de productos de tu empresa o un estudiante que está repasando el material para un examen, sácale el máximo provecho a tu tiempo y lee en voz alta.

Así entonces, si analizas la jerarquía de métodos de aprendizaje, un audiolibro podría ser, de hecho, una mejor manera de absorber información que solo leer algo en silencio. Pero podrías obtener una mejora todavía mayor en tu aprendizaje si te escucharas a ti mismo leyendo el material. Sí, llevaría tiempo que te grabaras a ti mismo, pero supón que estás estudiando para un examen o que quieres hacer el mejor uso posible de cada minuto mientras te transportas. En una situación así, grabarte a ti mismo leyendo el material podría ser una idea bastante buena para que pudieras escucharlo una y otra vez. Dada la calidad de la mayoría de los teléfonos inteligentes, no debería ser nada difícil lograrlo.

No obstante, recuerda que la mejor forma de potenciar tu aprendizaje proviene de leer el material en voz alta; el así llamado efecto de producción. Es el método más absorbente. No solo pasas tus ojos sobre las palabras de la página; tienes que activar tus músculos para pronunciar cada palabra. Además, escuchas las palabras y no en la voz de cualquiera, sino en la tuya propia.

Para mí, eso tiene todo el sentido del mundo. Por ejemplo, por años, mis clientes me han pedido que les grabe videos de entrenamiento sobre temas tales como inteligencia emocional, liderazgo y motivación. Para cada video, escribo un guion de tal vez seiscientas a mil palabras y después lo ensayo una y otra vez, por lo general alrededor de una docena de veces, hasta que logro memorizar la totalidad del guion. Y cada vez que ensayo, leo el guion en voz alta.

Siempre me ha resultado más benéfico leer el guion en voz alta que hacerlo en silencio.

De modo que nuestra segunda técnica para que potencies tu aprendizaje y tu memoria se basa en el llamado efecto de producción. Leer en voz alta solo requiere de un poco más de esfuerzo que leer en silencio, pero es un esfuerzo que, a fin de cuentas, te reditúa mucho y lo puedes medir.

> Recuerda que la mejor forma de potenciar tu aprendizaje proviene de leer el material en voz alta; es el llamado efecto de producción.

Esto es algo que, de hecho, integro en mis talleres. Por ejemplo, hace poco ofrecí un taller para aproximadamente cincuenta abogados acerca de cómo utilizar la inteligencia emocional para obtener más clientes. El taller duró tres horas y cerca de cada veinte a treinta minutos les daba un descanso en el que tenían que escribir los puntos principales de lo que habíamos abarcado. Hacían esto de manera individual y en silencio. Después, en pares, discutían lo que ellos pensaban que eran las lecciones principales.

Esto tuvo múltiples beneficios. No solo se limitó a que yo les hablara de manera continua por varias horas; más importante: tuvieron que examinarse a sí mismos (escribiendo lo que pensaban que habían aprendido) y contarle a alguien más al respecto.

Dificultar el aprendizaje

Hasta el momento, hemos hablado acerca del aprendizaje en el contexto de la memorización de guiones para presentaciones o, quizá, del material para exámenes. ¿Pero qué pasa si estás tratando de aprender una habilidad física; digamos un nuevo deporte o un instrumento musical?

Imagina que nunca antes has jugado tenis, pero que acabas de apostar que puedes aprender lo suficiente en seis meses como para ganarle a un amigo en un juego. Tu amigo no es un experto; de hecho, empezó a jugar hace un año, más o menos, de modo que crees tener una buena oportunidad de lograrlo.

Contratas a un entrenador que te sugiere que, en tus primeras lecciones, te concentres únicamente en tres tipos de jugadas: el golpe de derecha, el revés y el remate. Después, tu entrenador te pregunta cómo quieres estructurar tus sesiones de una hora: ¿prefieres pasar veinte minutos con el golpe de derecha, veinte con el revés y veinte con el remate? Así, podrías concentrarte en cada tipo de jugada.

¿O prefieres mezclar las cosas para enfrentarte a una combinación menos predecible de tiros? ¿Tal vez un par de golpes de derecha, un remate, otros tantos golpes de derecha y después una andanada de reveses? Esa opción te proporcionaría una mayor variedad, pero también habría más posibilidades de confusión.

En esencia, la pregunta es si prefieres bloques individuales de práctica para cada habilidad o que las distintas habilidades se entremezclen o, para utilizar el término técnico en psicología, la práctica intercalada. Por supuesto que, para ti, esta es una pregunta hipotética, pero representa una verdadera preocupación en el mundo de los deportes. Es una cuestión en la que entrenadores deportivos y directores de desempeño del mundo entero se han debatido por décadas. Después de todo, si puedes entrenar a un equipo de futbol, basquetbol o beisbol de tal manera que los ayudes a refinar sus habilidades con mayor rapidez, ese es el tipo de método de entrenamiento que podría ayudar a tu equipo a generar buenas cantidades de dinero en premios y tratos con patrocinadores.

Uno de los primeros estudios en investigar la efectividad de los distintos métodos de entrenamiento se llevó a cabo en la década de los ochenta por los investigadores Sinah Goode y Richard Magill, de la Universidad Estatal de Luisiana. Los dos científicos del deporte reclutaron a treinta alumnos que estaban dispuestos a que se les enseñaran tres tipos de saque en bádminton: el saque corto, el saque largo y el saque de remate.

Todos los participantes tomaron parte en nueve sesiones de entrenamiento de 36 saques por sesión. Pero se dividió a los participantes en tres grupos en los que les enseñaron los saques de maneras ligeramente distintas.

El primer grupo practicó en bloques que implicaron practicar solo un tipo de saque por sesión. Por ejemplo, quizá practicaron 36 saques cortos el lunes, 36 saques largos el miércoles y 36 saques de remate el viernes.

El segundo grupo se entrenó en los tres tipos de servicio en cada sesión, pero en una secuencia predecible cada día. De modo que, independientemente del día de la semana, se les pedía que hicieran un saque corto, después un saque largo y más adelante un saque de remate; para repetir lo mismo una y otra vez hasta completar 36 saques por sesión.

Al grupo final se le obligó a entremezclar los saques de manera aleatoria. De modo que estos participantes también llevaron a cabo 36 saques, pero quizá lo hicieron por medio de un saque corto, tres saques de remate, dos saques largos, otro saque corto y así sucesivamente.

Al final de varias semanas de entrenamiento, a todos los participantes se les pidió que llevaran a cabo los tres tipos de servicio bajo condiciones de prueba estrictamente monitoreadas. Los investigadores querían ver qué grupo había aprendido los saques con mayor precisión.

Una manera de replantear la pregunta sería considerar si el orden de aprendizaje aleatorio confundió a los participantes y dio lugar a un desempeño más deficiente o si los desafió de manera más intensa para dar lugar a un mejor desempeño.

¿Quisieras apostar sobre cuál opción fue la mejor?

Los científicos del deporte descubrieron que el orden completamente aleatorio produjo los mejores niveles de desempeño y que superó tanto al método de enseñanza por bloques como a las secuencias mixtas, pero predecibles. En otras palabras, la mejor manera de aprender parece implicar el intercalado de las tres habilidades de manera aleatoria.[5]

Desde ese estudio pionero, otros investigadores también han observado los mayores beneficios de la práctica entremezclada sobre la práctica en bloques. Por ejemplo, las investigadoras Christine Carter, de la Universidad Memorial de Terranova, y Jessica Grahn, de la Universidad Western, encontraron que los músicos (clarinetistas) a los que se les enseñaron nuevas obras musicales tuvieron un mejor desempeño cuando alternaban entre composiciones que si las aprendían en bloques, una por una.[6]

De modo que en el caso de talentos musicales y de deportes, el intercalado puede ser una idea bastante buena. ¿Pero qué pasa cuando se trata de estudios escolares o del tipo de habilidad que ayuda a las personas a hacer sus trabajos dentro del mercado laboral?

Algunos estudios también han encontrado que el intercalado funciona bien. Por ejemplo, un grupo de investigadores les enseñó a alumnos escolares a resolver acertijos matemáticos considerablemente complejos en lecciones ya fuera en bloque o intercaladas. Dos semanas después de que finalizara el curso, todos los alumnos presentaron un examen. Los alumnos que utilizaron la práctica en bloque obtuvieron calificaciones promedio de 38%, pero los alumnos a los que se les enseñó por medio de la práctica intercalada obtuvieron puntuaciones masivas de 72%.[7] Evidentemente, esos resultados sugieren que el aprendizaje intercalado representa una enorme ventaja.

No obstante, hay otros estudios que han arrojado resultados diferentes. Por ejemplo, un distinto grupo de investigadores les enseñó a estudiantes universitarios de medicina la habilidad de interpretar electrocardiogramas (ECG) con sesiones de práctica en bloque o intercaladas. A los universitarios se les enseñó a escrutar informes de ECG para poder identificar padecimientos médicos tales como pericarditis e isquemia.

Más tarde, cuando se sometieron a prueba sus habilidades de interpretación, aquellos que aprendieron en bloques obtuvieron 34% en su examen. Por desgracia, los universitarios a los que se les enseñó en sesiones intercaladas solo lograron obtener 24 por ciento.[8]

Perfecto. Entonces el intercalado ayudó a los alumnos de matemáticas, pero dio malos resultados en el caso de los estudiantes de medicina. ¿Qué podemos concluir de todo esto?

Por el momento, no podemos decir con exactitud cómo es que el intercalado pueda beneficiar, o afectar de algún otro modo, la adquisición de habilidades mentales más complejas. Las investigaciones siguen y es posible que el intercalado sea más eficaz para ciertas habilidades mentales, pero menos efectivo para otras.

O quizá sea que no todo el mundo aprende habilidades académicas de la misma manera. Por ejemplo, investigaciones muy recientes sugieren que las personas posiblemente aprenden de mejor manera cuando pueden elegir cuánto tiempo pasar con diferentes conceptos. Científicos dirigidos por Paulo Carvalho, de la Universidad de Indiana, encontraron que los estudiantes de psicología que podían elegir sus propios bloques de estudio obtuvieron puntuaciones en exámenes significativamente superiores a aquellas de los estudiantes a quienes se les impusieron los bloques de estudio.[9] Así entonces, cuando se trata de aprender habilidades mentales y escolares, mi recomendación es que programes tu tiempo usando cualquier combinación de bloques o intercalado que más sentido tenga para ti.

Cuando se trata de aprender habilidades mentales y escolares, mi recomendación es que programes tu tiempo usando cualquier combinación de bloques o intercalado que más sentido tenga para ti.

No obstante, el intercalado sigue teniendo sus usos. La evidencia sí sugiere que el intercalado beneficia a las personas que desean aprender habilidades físicas o musicales. Así que tal vez esta es una técnica que puedes aplicar a tus pasiones más que a tu vida profesional.

El intercalado beneficia a las personas que desean aprender habilidades físicas o musicales.

Intercala tu aprendizaje

En diversos estudios, los científicos han encontrado que las personas que aprenden nuevas habilidades deportivas o musicales por medio de la práctica intercalada tienden a desempeñarse mejor que las personas que tratan de aprender en bloques más sencillos. Supón que tienes que aprender cuatro habilidades que llamaremos A, B, C y D. Un programa sencillo por bloques podría implicar tratar con A en múltiples ocasiones primero (AAAAAAAA), antes de pasar a B (BBBBBBBB) y así sucesivamente. Pero un programa intercalado implicaría enfrentarte a las cuatro habilidades de manera serial (ABCDABCD) y, más tarde, incluso con un orden distinto (BADCBADC).

La evidencia que sustenta el uso de la práctica intercalada para habilidades más académicas o mentales es un poco controversial. Quizá el punto en el caso de estas habilidades es que hay más de una manera de estudiar. En lugar de cubrir un tema en su totalidad, a *algunas* personas puede servirles aprender en trozos más pequeños. Por ejemplo, supón que estás estudiando para tu examen profesional y que quieres estudiar durante tres horas cada noche entre semana. De inicio, podrías elegir estudiar dos temas por vez durante noventa minutos cada uno. Pero alguien más podría preferir estudiar los tres temas durante una hora cada uno, mientras que alguien más podría preferir dedicar las tres horas a un solo tema. De modo que quizá quieras llevar a cabo un experimento en el que intentes con diferentes maneras de programar tu tiempo para ver hasta qué grado te funcionaría el intercalado o la práctica en bloques.

El método de aprendizaje intercalado sí tiene una desventaja. Al aprender habilidades físicas o musicales, el proceso de aprendizaje intercalado puede experimentarse como de mayor dificultad. Te puede demandar más tanto a nivel físico como mental. Después de todo, cuando practicas solo una habilidad a la vez (AAAAAAAA antes de pasar a BBBBBBBB), es más fácil sentir que has dominado cada habilidad a la perfección. Cuando te enfrentas a las habilidades de manera aparentemente aleatoria (digamos ABBDCEECAD), es más fácil sentirse confundido o incluso abrumado por la tarea de tener que aprender tantas habilidades nuevas y diferentes a la vez. De modo que estás haciendo un trueque: aprender habilidades nuevas a través del intercalado se siente más desafiante, requiere de un mayor esfuerzo a corto plazo; pero, a la larga, puede valer la pena en cuanto a sus mejores resultados.

Aprender habilidades nuevas a través del intercalado se siente más desafiante, requiere de un mayor esfuerzo a corto plazo.

Aplicación de la activación asimétrica

Finalicemos el capítulo con algo que quizá pueda parecer algo estrafalario de inicio. Pero antes, déjame iniciar con algunos antecedentes.

Dado que estás leyendo un libro de psicología, lo más seguro es que estás al tanto de que el cerebro está dividido en dos lados, o hemisferios, que tienden a controlar el movimiento físico del lado contrario del cuerpo: el hemisferio izquierdo es el responsable de las acciones del lado derecho del cuerpo; el hemisferio derecho dirige los movimientos del lado izquierdo. Los investigadores médicos saben esto de manera contundente, porque un accidente cerebrovascular en un lado del cerebro a menudo conduce a problemas de movimiento o incluso a parálisis del lado contrario del cuerpo.

Cada hemisferio también es responsable de ciertas tareas mentales. Por ejemplo, las personas que sufren un accidente cerebrovascular en el hemisferio izquierdo tendrán mayores probabilidades de experimentar dificultades de habla y lenguaje que aquellas que padecen de este mismo tipo de evento en el hemisferio derecho. En contraste, las personas que sufren un accidente cerebrovascular en el hemisferio derecho a menudo tienen que enfrentarse a problemas de percepción del espacio, a diferencia de aquellas que lo padecen del lado izquierdo.

¿Pero exactamente cómo es que esto se relaciona con el aprendizaje?

Dadas las distintas tareas que lleva a cabo cada hemisferio, un equipo de investigadores de la memoria, liderados por la científica Ruth Propper, de la Universidad Estatal de Montclair, hipotetizaron que cada hemisferio podría tener un papel distinto en el aprendizaje y la memoria. De modo que reclutaron a cincuenta adultos para un experimento en el que se estimularon distintas partes de sus cerebros mientras aprendían y, después, se les sometía a prueba en cuanto a su capacidad para recordar una lista de 36 palabras.

Para determinar una línea base para sus resultados, Propper y su equipo le pidieron a un grupo de control de participantes que aprendieran y se sometieran a prueba en cuanto a su aprendizaje y recuerdo de las palabras sin estimulación hemisférica alguna. Durante la prueba, este grupo pudo recordar, en promedio, 7.6 palabras de manera correcta.

A cuatro grupos adicionales de participantes se les estimuló uno de los hemisferios antes de que se les dieran las palabras que aprenderían; después, se estimuló ya fuera el mismo hemisferio o bien el otro mientras se examinaba su capacidad de rememoración. De modo que los cuatro grupos se formaron como sigue:

- Hemisferio derecho durante el aprendizaje, hemisferio derecho durante la evocación
- Hemisferio derecho durante el aprendizaje, hemisferio izquierdo durante la evocación
- Hemisferio izquierdo durante el aprendizaje, hemisferio izquierdo durante la evocación
- Hemisferio izquierdo durante el aprendizaje, hemisferio derecho durante la evocación

Al hacer el conteo de las cantidades de palabras correctas recordadas, los investigadores encontraron que el grupo que recibió estimulación del hemisferio izquierdo antes del aprendizaje y que recibió estimulación del hemisferio derecho al momento de la evocación de las palabras fue el que tuvo el mejor desempeño, con un recuerdo de 9.1 palabras en promedio. Dado que el grupo de control recordó 7.6 palabras, una diferencia de solo 1.5 palabras podría no parecer de lo más impactante; pero la realidad es que eso representa una mejoría de 19.9%. Solo imagina obtener 19.9% mejores calificaciones en tus exámenes.

Los demás grupos de estimulación hemisférica tuvieron un desempeño mucho peor: uno de los grupos apenas recordó 4.7 palabras. Pero aquí lo más importante es que la estimulación del hemisferio izquierdo antes del aprendizaje y, después, del hemisferio derecho antes de la recordación podría derivar en un mejor desempeño.

> La estimulación del hemisferio izquierdo antes del aprendizaje y, después, del hemisferio derecho antes de la recordación podría derivar en un mejor desempeño.

Ah… aunque quizá te estés preguntando cómo podrías estimular cada uno de los hemisferios, después de todo, no resultaría muy práctico que te encajaras electrodos en el cerebro cada vez que quisieras aprender o recordar algo.

¿Te acuerdas de que el cerebro tiende a controlar los movimientos del lado contrario del cuerpo? Pues la realidad es que eso funciona en ambas vías: la actividad física de un lado del cuerpo también puede estimular al hemisferio contrario.

Así, los participantes que, según se les indicó, hicieron un puño con la mano derecha lograron activar su hemisferio izquierdo, mientras los participantes que apretaron la mano izquierda estimularon su hemisferio derecho.

De veras es así de sencillo. Los participantes que hicieron un puño con la mano derecha (y que así activaron el hemisferio izquierdo) antes de ver una lista de palabras las pudieron aprender —o codificar, para usar la jerga psicológica— de mejor manera. Después, cuando hicieron un puño con su mano izquierda (lo que activó su hemisferio derecho) antes de que se comprobara su capacidad de rememoración, aumentaron su capacidad para recuperar esas mismas palabras de su memoria.[10]

Uso de HERA para potenciar tu memoria y aprendizaje

Los dos hemisferios del cerebro contribuyen de maneras diferentes durante los procesos de aprendizaje (codificación) y rememoración. Los investigadores, como Ruth Propper y sus colegas, describen esto como asimetría hemisférica durante la codificación/recuperación (HERA, por sus siglas en inglés).

Pero no es necesario que memorices la teoría que sustenta al método, basta que recuerdes la manera de utilizarlo. Si deseas codificar (aprender o ingresar) algún material de manera más efectiva, aprieta la mano derecha en un puño antes de hacerlo. Cuando necesites recuperar (producir) el material, simplemente haz un puño apretado con tu mano izquierda antes de que necesites recordar lo que sea que tuviste que aprender.

Me queda claro que he hablado mucho acerca de los dos hemisferios, pero recuerda que un lado del cuerpo se conecta con el lado contrario del cerebro. De modo que no te preocupes demasiado acerca de los hemisferios. Solo acuérdate de la implicación práctica. Aprieta la mano derecha antes de aprender y la izquierda cuando necesites traer el material de vuelta a tu cabeza.

O, como lo mencioné antes en el capítulo, tiendo a referirme al aprendizaje o codificación como ingreso. En contraste, recuperar o recordar es producir. De modo que ¿qué te parece usar el acrónimo *diizpro* para recordar derecha-ingreso, izquierda-producción? Quizá eso te recuerde apretar la mano derecha para ingresar y hacer un puño con la izquierda para producir.

Aprieta la mano derecha antes de aprender y la izquierda cuando necesites traer el material de vuelta a tu cabeza.

Arriba y adelante

- Recuerda la diferencia entre ingresar y producir cuando se trate del aprendizaje. Ingresar información por medio de leer varias veces el material no es una manera del todo eficaz para aprenderla y memorizarla. Incluso tomar apuntes y hacer diagramas no es de particular utilidad. Para aprovechar mejor tu tiempo, dedica una porción significativa del mismo a la producción: ponte a prueba de manera repetida, trata de recordar lo más que puedas una y otra vez, y después otra y otra más.
- Cuando estés empezando a aprender material nuevo, intenta leerlo en voz alta. Recuerda que mover tu boca y generar las palabras en voz alta parece arraigar la información a mayor profundidad en tu cerebro. O, si no te resulta conveniente leer en voz alta, considera grabarte mientras lees el material en voz alta para que lo puedas escuchar más adelante; de todos modos obtendrás un aumento significativo en tu aprendizaje en comparación con solo leer algo en silencio.
- Si estás tratando de aprender habilidades físicas (p. ej. deportes) o musicales, considera mezclar tus sesiones de práctica. Sí, podrá parecer más sencillo aprender una habilidad a la vez,

pero ten en cuenta las investigaciones relacionadas con el intercalado: mezclar distintas habilidades puede ayudarte a mejorar tu desempeño cuando, a la larga, tengas que dar lo mejor de ti en una competencia o audición.

- Para un incremento casi inmediato a tu memoria, recuerda el efecto HERA (asimetría hemisférica durante la codificación/recuperación). Para codificar (es decir, aprender o ingresar) la información de manera más efectiva, haz un puño con la mano derecha. Y, para ayudarte a recuperar (es decir, recordar o producir) esa misma información, haz un puño con la mano izquierda.

10%

7

CÓMO LIDIAR CON LA PRESIÓN Y CON LAS PRESENTACIONES PÚBLICAS

Siempre haz lo que temes hacer.

RALPH WALDO EMERSON

Uno de mis clientes, Christopher, es un verdadero genio. Bueno, cuenta con diversos títulos en química y, para su doctorado, se especializó en investigar pilas de combustible de hidrógeno. No podría construir un cohete él solo, pero estoy seguro de que sería una enorme ventaja tenerlo a tu lado si de veras estuvieras planeando enviar una nave a Marte.

Hasta cerca del final de sus años treinta, Christopher trabajó como científico para una enorme empresa química alemana. Por desgracia, los tiempos cambiantes condujeron a que se eliminara la totalidad de su división y se encontró sin trabajo.

No pudo encontrar un empleo en investigaciones puras, de modo que cambió de rumbo y se convirtió en profesor universitario.

Todavía pudo llevar a cabo algunas investigaciones y también disfrutaba de calificar proyectos y exámenes. Sin embargo, le era bastante angustioso tener que dar cátedra frente a sus alumnos a diario.

De modo que acudió a mí en busca de ayuda. Cuando nos conocimos por primera vez, Christopher ya llevaba cerca de un mes dando cátedra. Dijo que tener que hacerlo significaba que casi cada centímetro de su cuerpo terminaba empapado en sudor; tenía que usar camisetas debajo de su camisa a diario para tratar de contener los chorros de sudor. Estaba obsesionado por completo con la resequedad que experimentaba en su garganta y su boca: pasaba mucho tiempo bebiendo agua en un intento por mantenerse hidratado. Y lo peor es que estaba seguro de que sus alumnos podían detectar su ansiedad.

Claro que mucha, pero mucha, gente se siente nerviosa ante la idea de tener que ponerse de pie frente a un público. Imagina caminar y pararte sobre el escenario de un enorme auditorio. Quizá una docena o más de personas están hablando entre sí, bostezando, revisando sus teléfonos o, incluso, señalándote y riéndose de ti o dando la impresión de que les pareces menos que fascinante. Y eso es antes de que les des tu presentación, que podría durar hasta dos o tres *horas*.

Así es, muchas personas detestan hasta la mera idea de tener que dar un discurso o presentación. No solo cátedras, sino hablar frente a colegas o incluso dar un discurso en una fiesta o banquete de bodas. Por fortuna, la ciencia nos indica que hay una serie de pequeños ajustes que pueden ayudar a las personas como Christopher, o como tú, a desempeñarse mejor en público.

Mucha, pero mucha gente se siente nerviosa ante la idea de tener que ponerse de pie frente a un público.

Activa tu armadura autobiográfica

Si eres uno de los millones de personas alrededor del mundo que detesta la idea de tener que dar un discurso en público, haz memoria de tus primeros años. ¿Puedes recordar algún momento en tu vida en el que *no* te daba miedo ponerte de pie y hablar frente a otras personas?

Es bastante probable que tu respuesta inicial sea «no»; quizá pienses que siempre te has sentido ansioso ante la idea de hacer cualquier cosa en público, pero te sugiero que te tomes algo más de tiempo para reflexionar acerca de ello, porque recordar una experiencia anterior positiva en la que hablaste en público podría formar las bases de una técnica que te ayude a mejorar tu desempeño.

Hace algunos años, un equipo de investigadores encabezados por Murray Stein, quien en ese momento era un joven psicólogo científico en la Universidad de California en San Diego, llevó a cabo algunas de las encuestas más amplias acerca de los temores asociados con hablar en público que jamás se hayan llevado a cabo. Estos investigadores hicieron entrevistas telefónicas con una muestra de aproximadamente quinientos adultos y encontraron que casi una de cada tres personas indicaba experimentar «ansiedad excesiva» al tener que dirigirse a un público de gran tamaño. Muchas de estas personas se preocupaban por hacer o decir algo vergonzoso, de que su mente se pusiera en blanco o incluso que temblaran o exhibieran otras señales físicas de su nerviosismo.

Pero más importante aún, casi todos los individuos pudieron identificar más o menos a qué edad empezaron a experimentar estos temores: 90% por ciento de las personas que se sentían excesivamente angustiadas en relación con hablar en público indicaron que sus temores habían iniciado para sus veinte años; 75% de ellos sintieron que estas ansiedades habían surgido alrededor de los 17 años y 50% de ellos creía que habían empezado a preocuparse por allí a sus 13 años de edad.[1]

En otras palabras, mientras más hacia el pasado iba la gente, más probable era que pudieran recordar un momento en el que *no* se habían sentido aprehensivos acerca de tener que hablar en público. Si se adentraban lo suficiente en el pasado, era frecuente que hubiera una época en la que la mayoría de las personas se había sentido bien al hablar frente a otros. Incluso es posible que lo hayan disfrutado.

Si se adentraba lo suficiente en el pasado, era frecuente que hubiera una época en la que la mayoría de las personas se había sentido bien al hablar frente a otros.

¿Pero cómo es que eso podría ayudarnos a tener un mejor desempeño?

Para encontrar la respuesta, nos centraremos en un experimento posterior que llevaron a cabo Kathy Pezdek y Roxanna Salim, un dueto de investigadoras de la Universidad Claremont de Estudios de Posgrado en California. Estas científicas pioneras decidieron tratar de aliviar la ansiedad de hablar en público en estudiantes adolescentes de dos institutos locales de educación media superior.

Les pidieron a todos los alumnos que prepararan y después presentaran un discurso de cinco minutos de duración frente a un público en vivo. A estos valientes, o quizá desafortunados, alumnos se les dijo que los evaluarían en cuanto a sus habilidades de comunicación. Eso ya era por demás angustioso, pero para añadir todavía más presión se les informó que sus presentaciones se filmarían para que un grupo separado de expertos las analizara después.

Sin embargo, justo antes de que dieran sus presentaciones, dividieron a los alumnos en dos grupos. A los del primer grupo (experimental) se les dijo que era probable que hubieran experimentado algunas experiencias positivas de hablar frente a un público antes de los diez años. Se les dieron cinco minutos para que pensaran acerca de una de estas experiencias y que escribieran lo más que pudieran recordar acerca de esa situación en particular.

A estos alumnos no se les dijo que fueran buenos oradores públicos. Solo se les dijo que era casi seguro que hubieran tenido algún tipo de experiencia positiva al hablar en público; quizá frente a sus amigos, compañeros de clase o, incluso, frente a los miembros de su propia familia.

A los alumnos del segundo grupo (control) también se les dijo que era probable que hubieran experimentado alguna experiencia positiva de otro tipo antes de los diez años. A estos alumnos también se les dieron cinco minutos para recordar algunas de estas experiencias y para escribir al respecto.

Ambos grupos de estudiantes respondieron cuestionarios en los que se les preguntaba qué tan ansiosos se sentían. Esto es algo bastante habitual en este tipo de estudio. Pero, más tarde, un panel de tres expertos vio y calificó las videograbaciones de los discursos de los alumnos.

Cuando las investigadoras analizaron sus datos, encontraron que los alumnos que habían escrito acerca de una experiencia positiva relacionada con hablar en público durante su infancia tuvieron un desempeño significativamente mejor. Escribir acerca de una experiencia positiva relacionada les permitió sentirse mejor en términos psicológicos, por lo que sus presentaciones recibieron puntuaciones más elevadas de parte de los observadores independientes.[2]

Eso resulta importante porque la técnica autobiográfica no solo ayudó a los alumnos con su estrés interno, sino con sus sentimientos. También hizo una diferencia demostrable en su comportamiento externo y en la forma en que los percibieron otras personas.

El estudio también es loable por el hecho de que las investigadoras incluyeron un grupo de control en el que los participantes evocaron un recuerdo no relacionado. Esto mostró que el solo recordar *algo* no basta; el experimento no da buenos resultados con que los participantes lleven a cabo algún tipo de actividad distractora. En cambio, recibir la instrucción de evocar un recuerdo de la infancia, *positivo* y *relacionado,* ayuda a mejorar el propio desempeño.

> **Recibir la instrucción de evocar un recuerdo de la infancia, *positivo* y *relacionado,* ayuda a mejorar el propio desempeño.**

De modo que allí lo tienes: apoyo científico de que tomarte algunos minutos para evocar un recuerdo de tu infancia, positivo y relacionado, podría ser un método eficaz para alejar tu ansiedad y mejorar tu desempeño. ¿Te gustaría intentarlo?

Recordar experiencias positivas del pasado

Para resumir, las investigaciones sugieren que muchas personas que desarrollan temores particulares pueden hacerlo durante sus años de adolescencia. No obstante, las investigadoras encontraron que recordar una experiencia positiva relacionada de nuestra infancia, de manera específica alguna que haya sucedido antes de los diez años, fue eficaz no solo para reducir el estrés psicológico, sino también para potenciar el desempeño. Si deseas mejorar tu ejecución por medio de esta técnica autobiográfica, quizá quieras tener en mente los siguientes consejos basados en la investigación:

- Elige una experiencia anterior positiva *específica* que se relacione con la situación que estás a punto de enfrentar. Piensa en ese ejemplo, en esa situación en particular, en lugar de pensar en la manera en que solías comportarte *en general.*

- *Escribe* con el máximo detalle que te sea posible acerca de la experiencia positiva pasada. Únicamente tratar de evocar la situación en tu mente podría no ser tan efectivo.
- Pasa cinco minutos completos escribiendo acerca de este incidente o situación anterior y recuerda llevar a cabo este ejercicio antes de cualquier suceso que te provoque ansiedad o que te sea desafiante de otra manera cuando te estés preparando para afrontarlo.

Antes de que sigamos adelante, me gustaría distinguir entre esta técnica y aquella con la que nos topamos al inicio de este libro. En el capítulo 1 vimos el estudio de los investigadores Megan Speer y Mauricio Delgado en relación con la ecforia —o rememoraciones evocadas por indicios— de recuerdos felices. Estos investigadores hallaron que utilizar un indicio para disparar recuerdos felices ayudaba a las personas a recuperarse con mayor velocidad *después* de verse sometidas al estrés.

En contraste, Kathy Pezdek y Roxanna Salim encontraron que pedirles a las personas que escribieran acerca de una experiencia infantil positiva relacionada ayudaría a protegerlos durante un desafío posterior. De modo que esta técnica difiere de la ecforia en tres maneras: antes que nada, es un ejercicio escrito (mientras que la ecforia solo implica rememorar a nivel mental momentos más felices); en segundo lugar, no solo tiene beneficios para los niveles de ansiedad de las personas, sino también para su desempeño mientras lo observan otras personas. Y en tercer lugar (y quizá el más importante), tiene efectos protectores cuando se utiliza *antes* de toparse con una situación difícil.

De modo que sí, ambas técnicas implican recordar sucesos positivos del pasado, pero no son exactamente iguales. Difieren no solo en cuanto a sus métodos, sino también en cuanto a sus efectos.

Utiliza la conexión mente-cuerpo

Si ves muchos deportes, sea que se trate de futbol o tenis, de gimnasia o de atletismo, es probable que hayas notado que muchos atletas utilizan cintas de colores sobre sus cuerpos. Esta cinta de fisioterapia tiene por objeto sostener a los músculos en ciertas posiciones para ayudar al desempeño y para reducir las probabilidades de lesión.

Claro que podría ayudar a los músculos a funcionar de manera más efectiva y afectar el desempeño físico. ¿Pero utilizar esta cinta podría también tener algún tipo de efecto sobre el desempeño cognitivo?

Por un momento, imagina que has acordado formar parte de otro estudio de investigación. Llegas a las oficinas y un asistente de investigación, un hombre joven vestido con una bata blanca, te explica: «Las personas que visitan a los fisioterapeutas en ocasiones informan de los efectos que tiene la cinta que se coloca sobre sus espaldas en sus tareas cotidianas: físicas, mentales y sociales. Este estudio busca investigar los efectos que colocar una cinta en la parte alta de la espalda puede tener en tu fisiología, estado de ánimo y desempeño, en una tarea de discurso».

Te piden que te sientes en un banco y que relajes tu espalda y hombros de tal manera que tu espina se curve hacia adelante, tu barbilla casi sobre tu pecho y los hombros hacia adelante. Después, colocan cinta de fisioterapia sobre tu espalda; por unos segundos, se siente muy fría contra tu piel desnuda, pero pronto te acostumbras a la sensación, así como a la postura algo encorvada en que te encuentras.

Después, el experimento inicia en serio. Se te pide que imagines que estás a punto de que te entrevisten para tu trabajo de ensueño. Ahora, tienes cinco minutos para preparar un breve discurso. Este debe durar cinco minutos y debes informarle a un panel de entrevistadores por qué eres el mejor candidato para el trabajo. Tu desempeño se grabará por medio de una cámara para que varios entrevistadores lo vean después y el mejor candidato de entre todos los participantes ganará un bono para ir de compras con un valor de doscientas libras (alrededor de 278 dólares).

De modo que das tu presentación. Quizá durante la misma sientes que tu corazón está acelerado; pero, oye, es de lo más natural sentirse un poco nervioso, ¿no?

Después, te dan un par de cuestionarios que debes responder. Se te pide que califiques cómo te sientes en una escala de cinco puntos que va desde 1 «poco o nada» hasta 5 para «extremadamente». Pasas por una lista de adjetivos e indicas el grado al que te sientes «entusiasmado», «adormilado», «nervioso», «feliz» y un montón más.

Y eso es todo. Muchas gracias por tu participación.

En esencia, este fue el protocolo de investigación que utilizaron los investigadores dirigidos por Shwetha Nair, de la Universidad de Auckland, en Nueva Zelanda. Excepto que la realidad es que no estaban investigando los efectos de la cinta de fisioterapia sobre el desempeño. Estaban estudiando los efectos de la postura; solo utilizaron la cinta como distractor para que los participantes no pudieran adivinar que el estudio en realidad tenía que ver con el impacto que la postura tendría sobre el desempeño psicológico. En esencia, las investigadoras creyeron que la postura corporal podría tener verdaderos efectos sobre la mente.

> **La postura corporal podría tener verdaderos efectos sobre la mente.**

A un grupo de participantes se le pidió que adoptara una postura encorvada durante las pruebas, pero a un segundo grupo se le pidió que asumiera una postura recta; con la espalda derecha y los omóplatos hacia atrás.

Y las investigadoras descubrieron que, de hecho, las dos posturas sí tuvieron efectos marcadamente diferentes durante la serie de pruebas. Los participantes rectos se sintieron significativamente más entusiastas, emocionados y fuertes, mientras que los participantes encorvados se sintieron más nerviosos, pasivos, aletargados, somnolientos, lentos e, incluso, más hostiles y temerosos. Los participantes derechos también informaron niveles mensurablemente más elevados de autoestima que aquellos que se sentaron en una posición encorvada.

Así entonces, no queda la menor duda en cuanto a que la postura tuvo un verdadero impacto sobre los sentimientos de las personas durante sus discursos. Resulta indiscutible que colocarse derechos ayudó a las personas a sentirse mejor.

Pero las investigadoras también llevaron a cabo otro nivel de análisis. Le pidieron a un equipo de expertos que observara los videos y que tomara notas detalladas del tipo de palabras que utilizaba cada uno de los participantes. Una vez más, se presentó una diferencia notable. Los participantes que se mantuvieron derechos utilizaron más palabras con emociones positivas y menos palabras relacionadas con emociones negativas; también utilizaron más palabras en total, lo que pareció indicar que, en esencia, estaban más energizados y punto.[3]

Eso no es todo. Los beneficios de una mejor postura podrían no solo relacionarse con hablar en público. En una colaboración conjunta más reciente, investigadores tanto de la Universidad Estatal de San Francisco, como de la Universidad Médica Kaohsiung en Taiwán, les pidieron a 125 participantes adultos que llevaran a cabo una tarea matemática mientras se sentaban encorvados o derechos. No le toca premio a quien adivine que para los participantes que se sentaron derechos la tarea resultó mucho más sencilla.[4]

Y la lista sigue y sigue. Científicos liderados por Lotte Veenstra, de la Universidad VU en Ámsterdam, encontraron que tener una postura recta permitía que las personas se recuperaran con mayor velocidad de un estado de ánimo negativo.[5] Y otro estudio más que llevaron a cabo investigadores alemanes sugiere que caminar sin rumbo con una postura más derecha también puede ayudar a proteger de la depresión.

En general, es una intervención tan sencilla que casi no puedo creer que funcione. Pero así es. Investigaciones que se han llevado a cabo alrededor del planeta confirman que una postura más recta parece tener una multiplicidad de beneficios. Recuerda que una postura recta no solo cambia la forma en que las personas se sienten; altera cuánto hablan y la cantidad de positividad que comunican en sus discursos. Además, también es posible que ayude a facilitar los cálculos mentales.

Mis pensamientos finales al respecto se refieren a una reflexión acerca de mi infancia. Mientras estaba creciendo, era frecuente que mis padres me dijeran que me sentara o parara derecho, fuera que estuviera estudiando, viendo televisión o caminando por allí. ¡Parece que tenían toda la razón al decírmelo!

Investigaciones en todo el mundo confirman que una postura más recta parece tener una multiplicidad de beneficios.

Cambia tu estado corporal para potenciar tu desempeño mental

¿Cómo describirías tu postura en este momento? Ya sea que estés sentado o de pie: ¿tienes la cabeza hacia adelante y te encuentras en una posición relajada, pero algo encorvada? ¿O tienes los hombros echados hacia atrás, el pecho fuera y la cabeza en alto?

Las investigaciones muestran que, sin lugar a dudas, las personas que mantienen el cuerpo en una posición recta se desempeñan mejor bajo presión. Es de lo más fácil de comprender. Pero aquí, el truco es *recordar* usarlo.

Si estuviera trabajando contigo como cliente, en este momento te estaría alentando a pensar en unas cuantas situaciones en las que podrías utilizar este ajuste. Entonces, ¿qué tipos de escenarios de presión estás a punto de afrontar en el futuro? Quizá algunos tengan que ver con las conversaciones o confrontaciones que deberás tener con otras personas. Tal vez otros escenarios tengan que ver con tareas complejas que pondrán tu inteligencia o tu paciencia a prueba.

Entonces, piensa en cómo puedes recordar implementar este consejo. ¿Sería de utilidad que escribieras alguna anotación en tu diario para recordártelo? ¿O quizá un recordatorio en tu celular? ¿O una nota autoadherible en la pantalla de tu computadora?

Garantizar que asumas una postura fuerte y recta puede ayudarte no solo a tener un mayor impacto, sino también a que te sientas y pienses de manera más poderosa. Inténtalo.

Elige ver las cosas de manera diferente

Si por casualidad eres un seguidor añejo del futbol inglés, el nombre de Chris Waddle, en especial en conjunción con la Copa Mundial de Futbol de 1990, jamás dejará de ser un recuerdo amargo. Mientras jugaba por Inglaterra en la semifinal en contra de Alemania, falló un penal. Millones de fanáticos ingleses aullaron, se quejaron y les gritaron a sus televisores cuando pateó el balón completamente por encima de la portería; los comentaristas todavía bromean, diciendo que el balón probablemente sigue en órbita.

¿Cómo pudo haber fallado? empezó a jugar futbol a nivel profesional a los 19 años. Para el momento del infame juego de la Copa Mundial tenía treinta, así que llevaba 11 años como profesional. Solo imagina el número de penales que tiró o que practicó a lo largo de su trayectoria como jugador.

Pero lo falló. Y ese incidente es uno de los ejemplos más tristemente célebres de lo que se conoce de manera popular como congelarse, paralizarse o, a veces, tener un ataque de nervios. Por lo general, los psicólogos lo describen en términos más neutrales; por ejemplo, al describirlo como un fracaso de las habilidades motoras. Sin embargo, resulta ser lo mismo: el colapso de las habilidades incluso más practicadas frente a una presión intensa.

Es posible encontrar ejemplos de esta parálisis del desempeño en casi cada deporte que existe en el planeta: el tenista de clase mundial que se desmorona cuando era su oportunidad para destacarse o el gimnasta olímpico que aterriza de cara después de practicar una misma maniobra en miles de oportunidades anteriores. Y, aparte, están los golfistas, boxeadores, patinadores artísticos, jugadores de beisbol, campeones de *snowboarding* y la lista sigue y sigue.

> **Es posible encontrar ejemplos de parálisis del desempeño en casi cada deporte que existe.**

Y no solo les sucede a los atletas de alto rendimiento. Le pueda pasar casi a cualquiera. Los cantantes y músicos practican por años, pero hay ocasiones en que cometen errores justo cuando tienen audiciones o competencias importantes. He visto a más de un conferencista ponerse en vergüenza frente a su público, a pesar de ensayar a muerte antes de presentarse y de ser expertos inequívocos en su campo. Y hay una buena cantidad de solicitantes de empleo talentosos y calificados que se congelan y terminan balbuceando cuando se trata del trabajo que realmente desean.

Cuando la gente se bloquea, no es que no hayan practicado o ensayado lo suficiente. Es más bien que la presión les gana: la mera idea de que están al borde de un triunfo importante, de un gran avance o de la oportunidad que tan desesperadamente ansían.

De hecho, es de lo más fácil lograr que la gente fracase: no se necesita de tantísima presión. Cierta vez, un grupo de investigadores holandeses encabezados por Yannick Balk, de la Universidad de Utrecht, invitó a un grupo de experimentados golfistas a participar en un experimento que implicaba el *putting*. Por medio del uso de pelotas de golf estándar y de palos *putters* regulares, a los golfistas se les pidió que golpearan diez pelotas a un hoyo cercano que se encontraba a una distancia aproximada de dos metros. Cuando no hubo presión alguna, metieron la pelota en el hoyo alrededor de 6.3 veces.

Pero entonces, los experimentadores aumentaron el grado de dificultad. Les dijeron a los jugadores que los siguientes diez tiros se filmarían para su posterior análisis; también les informaron que sus puntuaciones se colocarían en el tablero de mensajes de la sede del club de golf.

Y el punto es que, en promedio, estos participantes llevaban cerca de 22 años jugando al golf. Solo estaban participando en un pequeño experimento psicológico. No había una bolsa en efectivo que estuviera en juego. Lo peor que podía suceder es que su orgullo podría haberse visto ligeramente mallugado. En realidad, no debió importar en lo absoluto. Pero importó. Y, en promedio, su desempeño bajó a 5.0 *putts*.

Una caída de 6.3 a 5.0 *putts* podrá no parecer importante, pero representa 20.6% de descenso en el desempeño. Resulta evidente que es un margen enorme cuando realmente importa; podría ser la diferencia entre salir victorioso o perder de manera aplastante.

Ahora bien, los investigadores creyeron que podrían entrenar a los golfistas a protegerse contra esta parálisis. De modo que les enseñaron a otros golfistas una pequeña táctica psicológica para inmunizarse contra la presión. Les dijeron a los jugadores:

> Nos gustaría saber el grado al que pueden controlar la manera en que experimentan las cosas. Por ende, es muy importante para nosotros que traten de adoptar una actitud positiva al momento de golpear la pelota. Por ejemplo, no dejen de recordarse a sí mismos que lo que están haciendo no es más que un simple juego.

Y funcionó. Cuando este grupo de jugadores se vio expuesto a una mayor presión, no cometieron más errores. Después de esta sencilla instrucción, su desempeño se mantuvo en un mismo nivel.[6]

Una vez más, es una táctica de lo más sencilla, ¿no crees? Adopta una actitud positiva. Recuérdate a ti mismo que no es más que un simple juego. Cambia tu perspectiva acerca de lo que está sucediendo y ayúdate a dar tu mejor desempeño.

Cambia tu perspectiva acerca de lo que está sucediendo y ayúdate a conseguir tu mejor desempeño.

Adopta un punto de vista más positivo

Puede presentarse la parálisis cuando las personas experimentadas tienen un desempeño deficiente frente a niveles elevados de presión. Pero ahí está el detalle: la presión es una cualidad altamente subjetiva. Algunos atletas e intérpretes no sienten ningún tipo de presión incluso cuando están frente a decenas de miles de personas; pero otras personas se sienten ansiosas y presas del pánico incluso cuando se trata de una entrevista de trabajo o de estar frente a un público diminuto de media docena de colegas que los apoyan.

Tú eres quien mejor te conoce, de modo que averigua cuándo es que te sientes bajo presión. Y, cuando eso suceda, trata de adoptar una actitud más positiva.

En lugar de centrarte en las razones por las que te sientes amenazado o en lo que podrías perder, replantéate el desafío de manera más provechosa. Recuérdate a ti mismo que las personas que están frente a ti son solo... personas. No son en nada diferentes a ti o a mí. O repítete que no es más que una simple audición, presentación o juego; que de veras no vas a morir. Pase lo que pase, el sol saldrá mañana.

Tal vez podrías imaginar la manera en que un buen amigo podría alentarte a ver la situación. O imagina lo desinteresado o poco molesto por la presión que estaría un pequeñito que estuviera intentando hacer la misma tarea. Aquí no hay respuestas correctas. Solo tiene que ver con encontrar un punto de vista más positivo, una manera diferente de ver al desafío que pueda serte más ventajosa.

Uso de rituales para potenciar el desempeño

Todavía con el tema de los deportes, el tenista español Rafael Nadal es uno de los jugadores de tenis más premiados de todos los tiempos en términos del número de torneos Grand Slam que ha ganado. Con eso, viene una cierta cantidad de éxito financiero. Ha ganado bolsas en efectivo por una cantidad de mucho más de cien millones de dólares. Solo para ponerlo en perspectiva, si decidiera retirarse en cualquier momento cercano, y bajo la suposición de que invirtiera sus ganancias, lo más probable es que podría vivir con ingresos de cerca de cuatro millones de dólares por año *por el resto de su vida.*

¿Qué es lo que hace que Nadal sea uno de los mejores jugadores de todos los tiempos? Tal vez tenga algo que ver con sus rituales anteriores a cada juego.

Cuando se pone su uniforme en el vestidor antes de una competencia, se pone los calcetines y verifica que los dos queden a exactamente la misma altura de sus pantorrillas. Después se pone su característico pañuelo sobre la cabeza, y lo ata lentamente y con gran cuidado; no es solo una forma para evitar que el cabello caiga sobre sus ojos, es algo que hace de manera deliberada; es parte de su preparación mental para la confrontación física que está a punto de comenzar.

Una vez en la cancha, se sienta y toma un sorbo de una botella de agua. Y después toma un sorbo de una segunda botella de agua. Y repite esta misma secuencia en cada ocasión; no solo antes del inicio del encuentro, sino también durante cada descanso entre juegos hasta que termina el partido completo. Un sorbo de una botella y después otro sorbo de la otra. Cuando baja las botellas, las coloca a sus pies frente a su silla y a la izquierda, una exactamente detrás de la otra, de modo que ambas quedan apuntando hacia la cancha en diagonal.

En alguna ocasión, al escribir para un periódico británico, Nadal explicó: «Es una manera de colocarme en el enfrentamiento, de ordenar lo que me rodea para que coincida con el orden que busco dentro de mi cabeza».[7]

Nadal no es el único atleta del mundo que tiene un ritual para antes de cada juego. Infinidad de tenistas, golfistas, basquetbolistas, patinadores artísticos y otros atletas cuentan con sus propios rituales.

¿Y tú? ¿Tienes algún ritual? Piensa en alguna ocasión en la que te enfrentaste a una tarea o situación difícil que te provocó ansiedad. Tal vez se trató de una prueba o examen, de una competencia deportiva, de una entrevista o presentación, o quizá de una audición o interpretación de otro estilo. ¿Alguna vez llevaste a cabo algún ritual antes de la tarea o situación?

Cuando un grupo de investigadores dirigidos por Alison Woods Brooks, de la Universidad de Harvard, encuestó a cuatrocientos adultos, encontraron que casi la mitad (46.5%) de las personas informaron haber llevado a cabo algún tipo de ritual en situaciones de gran importancia. Así que, si alguna vez has recitado algunas palabras en tu interior, si has llevado a cabo alguna rutina física o incluso si has confiado en un amuleto de la buena suerte, estás más que bien acompañado.

Los rituales funcionan. Pueden mejorar el desempeño de forma mensurable.

Y es que pasa lo siguiente: *los rituales de veras funcionan.* Pueden mejorar el desempeño de forma mensurable. En un estudio, Brooks y sus colaboradores les pidieron a 85 personas que tomaran parte en una prueba de canto, que implicaba que cantaran «Don't Stop Believin'», una canción del grupo Journey, en un juego de Nintendo que se llama *Karaoke Revolution.* De manera bastante ingeniosa, el juego monitorea la interpretación de los cantantes y calcula una puntuación de precisión de canto en una escala de cero a cien.

La mitad de los participantes experimentales pasaron un minuto sentados en silencio. Pero a la otra mitad se le pidió que llevara a cabo un ritual por completo inventado. Se les dijo:

> Haz un dibujo de la manera en que te sientes en este preciso momento. Espolvorea sal sobre tu dibujo y cuenta del uno al cinco en voz alta. Después, arruga el papel donde hiciste el dibujo y tíralo a la basura.

El ritual no se basaba en ninguna teoría psicológica rigurosa. De hecho, fue algo totalmente espurio que los investigadores inventaron. Pero funcionó. Mientras que los participantes que se quedaron sentados en silencio obtuvieron puntuaciones de precisión de canto de 65.7%, aquellos que implementaron el ritual de reciente invención obtuvieron puntuaciones de 78.4 por ciento.

Eso representa un beneficio notable a partir de un ritual inconsecuente; más de 10% de mejora que promete el título de este libro, por ejemplo. Ah, y por cierto, los participantes que hicieron el dibujo y que completaron el resto del ritual también informaron sentirse significativamente menos ansiosos. De modo que un ritual puede no solo mejorar el desempeño, sino que también ayuda a las personas a sentirse más relajadas.

Un ritual puede mejorar el desempeño y ayuda a las personas a sentirse más relajadas.

En estudios posteriores, Alison Wood Brooks y sus colaboradores investigaron otros rituales fabricados, como pedirles a las personas que contaran lentamente y en voz alta del cero al diez y de nuevo al cero antes de espolvorear sal sobre un pedazo de papel. Y debido a que el canto es una habilidad que implica presentarse frente a un público, también examinaron la manera en que las personas se desempeñaban en una prueba escrita de sus habilidades matemáticas. Sin embargo, los resultados siguieron siendo positivos: todos los tipos de rituales fueron de utilidad no solo en entornos públicos, sino también en exámenes por escrito.[8]

Crea una rutina que sea adecuada para ti

Los psicólogos definen un ritual como cualquier secuencia fija de comportamientos que carezca de un propósito abiertamente funcional, pero que tenga un significado simbólico. Por ejemplo, un atleta puede estirarse o correr porque eso le ayuda a calentar el cuerpo antes de ejercitarse; eso tiene un propósito funcional. En contraste, Rafael Nadal coloca sus botellas de agua a la izquierda de su silla no porque le ayude a golpear la pelota de tenis con mayor fuerza, sino porque tiene un significado especial para él.

De manera que un ritual puede ser casi cualquier cosa *siempre y cuando tenga algún significado para ti.* Si te gusta llevar contigo un amuleto de la buena suerte antes de ir a una entrevista o audición, adelante. Si te agrada recitar un mantra o llevar a cabo un *haka,* por favor continúa haciéndolo. Podría tratarse de algún ritual que se ha heredado de generación en generación; por ejemplo, las personas de países occidentales a menudo hablan de «tocar madera» o de arrojar sal. O podría tratarse de algún ritual que crees para ti mismo.

Incluso, tu ritual podría tratarse de algo que lleves a cabo con otras personas. Muchos equipos deportivos y equipos de ventas se motivan a través de cantos motivacionales, de manera que no hay necesidad de hacerlo a solas.

Sea el que sea tu ritual, la ciencia dice que genuinamente podría brindarte beneficios, porque si tú crees que es beneficioso, entonces es posible que te ayude a relajarte y a tener un mejor desempeño, aunque sea solo un poquito mejor.

Un ritual puede ser casi cualquier cosa siempre y cuando tenga algún significado para ti.

Las investigaciones científicas formales acerca del poder de los rituales acaban de empezar apenas hace un par de años. No obstante, están empezando a recabarse los resultados y se ven de lo mejor. Por ejemplo, hay evidencia de que llevar a cabo un ritual carente de significado también puede ayudar a las personas a comer menos. La evidencia proviene de un estudio dirigido por Allen Ding Tian, un talentoso investigador que en ese entonces estaba dividiendo su tiempo entre la Universidad de Finanzas y Economía de Shanghái y la Universidad de Wuhan. El equipo de científicos reclutó a varias docenas de mujeres que estuvieron dispuestas a llevar diarios de absolutamente todo lo que comieran a cambio de tarjetas de regalo de Starbucks con un valor de apenas diez dólares.

A la mitad de las mujeres se les indicó que redujeran el número de calorías que ingerían por medio de comer de manera más consciente. Se les indicó que cada vez que comieran, se detuvieran y pensaran cuidadosamente acerca de lo que estaban comiendo.

A la otra mitad de las participantes, se le pidió que llevara a cabo el siguiente ritual:

Primero, corta tu comida en trocitos antes de que la ingieras. Segundo, organiza los trocitos para que queden en perfecta simetría sobre tu plato. Es decir, tienes que lograr que la mitad izquierda de tu plato se vea exactamente igual que la mitad derecha del mismo. Por último, presiona tus utensilios de comida contra la parte superior de tus alimentos tres veces.

Queda claro que se trata de algo completamente absurdo. Pero funcionó. A las participantes a las que se les dijo que pausaran un momento para pensar acerca de lo que estaban comiendo consumieron 1 648 calorías en promedio. Las participantes que llevaron a cabo el ritual inútil comieron 1 424 calorías diarias; 13.6% menos.[9]

Y recuerda: este fue un ritual ridículo que los científicos inventaron de la nada. Y de todos modos sirvió. De modo que, si te interesaron de manera especial las técnicas de salud y pérdida de peso del capítulo 3, también puedes tratar con esta.

Llevar a cabo un ritual carente de significado también puede ayudar a las personas a comer menos.

Por otro lado, no te obligues a llevar a cabo un ritual si no deseas hacerlo. La encuesta que llevaron a cabo Alison Wood Brooks y sus compatriotas encontró que 46.5% de las personas utilizaron rituales en al menos algunas situaciones de gran importancia, lo que también significa que una buena cantidad de personas *no* los utilizaron. De modo que si crees que todo este asunto de los rituales es una tontería y no puedes recordar alguna ocasión en la que llevaste a cabo alguno, olvídalo. En lugar de ello, intenta alguna de las demás técnicas de este capítulo.

Arriba y adelante

- A fin de potenciar tu desempeño al hablar en público y en otras situaciones que te provocan ansiedad, tómate algunos minutos antes para escribir acerca de una situación relacionada en la que alguna vez experimentaste el éxito. Sin embargo, recuerda que debes escribir acerca de una situación específica más que acerca de situaciones semejantes en general: hacerlo podría no solo ayudar a que te sientas mejor, sino también a que tengas un desempeño patentemente mejor.
- Piensa en tu postura de manera constante. Una postura mejor de veras parece rendir frutos: no solo afecta la manera en que piensas y te sientes acerca de ti mismo, sino que también cambia de manera mensurable la forma en que los demás te perciben. De modo que, si quieres causar una buena impresión y lograr que te recuerden por todas las razones correctas, ten en cuenta que tu postura de veras importa.
- Incluso los intérpretes y atletas talentosos y expertos pueden paralizarse frente a la presión. Si crees que esto aplique a tu caso, toma la decisión consciente de replantear las situaciones desafiantes de manera más positiva. Imagina cómo podría alentarte un buen amigo o alguien que te apoya para que veas lo que te está sucediendo. O recuérdate que, aunque pueda parecer una situación de vida o muerte, la realidad es que nadie va a morir. Observa la situación de manera diferente y es

posible que te ayudes a ti mismo a reducir la presión para tener un desempeño más acorde a tu nivel habitual.

- Si crees que llevar a cabo un ritual puede traerte mejor suerte, no dudes en seguir haciéndolo. Recuerda que un ritual puede ser cualquier secuencia de acciones que *tú* creas que puedan serte de utilidad en algún momento futuro. Si te estás preparando para una reunión de ventas o confrontación deportiva, realmente puedes ayudarte a tener un mejor desempeño.

10%

8

ENCUENTRA PEQUEÑAS MANERAS DE SENTIRTE MÁS FELIZ

> Si quieres ser feliz, sé feliz.
>
> **LEÓN TOLSTÓI**

¿Qué quieres de la vida? Muchas personas te responderán a esa pregunta que solo quieren ser felices.

Resulta claro que la felicidad depende de un número enorme de diferentes cosas. La mayoría de las personas creen que serían más felices si ganaran más dinero; o, al menos, si no tuvieran que preocuparse por el pago de las cuentas, de la renta o de la hipoteca. Muchas personas se preocupan por el estado del mundo: política, delitos, contaminación, economía, terrorismo, cambio climático, desempleo y pandemias globales. Incluso, hace poco leí sobre cómo el surgimiento de la inteligencia artificial podría dar lugar a los robots asesinos.

En efecto, mucho de lo que está pasando a nuestro alrededor puede hacer mella en nuestra felicidad. Pero la psicología nos enseña que podemos elevar nuestro nivel de felicidad de manera genuina en un tiempo relativamente breve. Así pues, en este octavo y último capítulo analizaremos cinco métodos comprobados para potenciar tu felicidad. No digo que puedas alcanzar un estado de dicha perfecta y absoluta, pero mediante el uso de una combinación de técnicas puedes hacer una pequeña diferencia por aquí y otra pequeña diferencia por allá, y es posible que todo ello se sume para ofrecerte algo que bien valga la pena.

La psicología nos enseña que podemos elevar nuestro nivel de felicidad en un tiempo relativamente breve.

Elige ser feliz

En marzo, mi pareja y yo compramos un auto nuevo, un Renault Captur. Y desde ese momento, no hemos dejado de ver otros Capturs por las calles. Lo que pasa es que el Captur ha sido uno de los autos de mayor venta de Renault por muchos años, así que ya había decenas de miles de Capturs en las calles antes de que compráramos el nuestro, solo que jamás los habíamos notado.

Lo mismo sucedió cuando trajimos a casa a nuestro primer perro, un schnauzer miniatura. Antes de que llegara a nuestras vidas solo habíamos notado uno de su raza. Pero desde entonces los vemos por todas partes, incluso en la televisión.

Esa es la manera en que funciona la naturaleza humana. Cuando algo nos importa, cuando elegimos prestarle atención a algo, es más probable que lo veamos con mayor frecuencia en el futuro. Y resulta que lo mismo es más o menos cierto en el caso de la felicidad; cuando centras tu atención en lo bueno que hay en tu vida, te ayudas a sentirte más positivo.

Cuando centras tu atención en lo bueno que hay en tu vida, te ayudas a sentirte más positivo.

Por allí del capítulo 3 vimos que practicar la gratitud no solo potenciaba el bienestar de las personas; también tenía el beneficio añadido de aumentar la cantidad de actividad física que harían más adelante. Para hacer el ejercicio tenías que escribir acerca de las cosas por las que te sentías agradecido. Por ejemplo, quizá sientas gratitud por el apoyo, amistad o guía de ciertos individuos. Tal vez te sientas agradecido por las oportunidades que se te han dado en el trabajo, o quizá te sientas feliz de ciertos rasgos o características personales con los que cuentas. Y ese ejercicio de agradecimiento es un buen ejemplo de que centrar tu atención en algo positivo te permite notar más momentos positivos, lo que a la larga también te ayudará a sentirte más feliz.

Pero resulta que existe un método todavía más poderoso para aumentar nuestros niveles de felicidad: se llama el ejercicio del mejor yo posible (MYP). Implica pasar un tiempo imaginando cómo podría ser tu vida en el futuro bajo la suposición de que todo ha salido bien. Para hacer este ejercicio tendrías que escribir todo lo que deseas lograr: no solo en el trabajo, sino también en tu vida personal; por ejemplo, en términos de tus relaciones con amigos y personas amadas. También tendrías que pensar acerca de las habilidades y características interiores que te gustaría desarrollar.

Pero este no es un ejercicio en fantasía pura. Necesitas ser realista y elegir un conjunto de metas y deseos que de veras creas poder alcanzar.

Estudios han demostrado que tanto el ejercicio de la gratitud como el del MYP tienen beneficios para la salud psicológica. Uno de los primeros y más famosos estudios lo llevaron a cabo en Estados

Unidos Kennon Sheldon, de la Universidad de Misuri-Columbia, y Sonja Lyubomirsky, de la Universidad de California, Riverside.[1] Y los mismos resultados se duplicaron años después por investigadores holandeses liderados por Madelon Peters, en la Universidad de Maastricht, en los Países Bajos.[2]

Sin embargo, estos y otros estudios sugieren que el ejercicio del MYP puede incluso tener una ligera ventaja por encima del ejercicio de la gratitud.[3] De modo que voy a explicarte el ejercicio del MYP en este momento. De inicio requiere de una inversión de alrededor de veinte minutos, seguida de unos minutos de reflexión adicional a diario.

Imagina tu mejor yo posible

Varias docenas de estudios de diferentes grupos de investigadores en el mundo entero han estudiado los efectos del ejercicio del mejor yo posible (MYP). Cuando les presento esta técnica a mis clientes, suelo explicarles que hay tres pasos involucrados:

Paso 1. Para empezar, dedica solo un minuto a pensar acerca de tu mejor yo posible. Imagínate que han pasado algunos años y que todo ha salido bien para ti. Trabajaste duro y lograste todas las metas que podrías haber esperado alcanzar de manera realista. ¿Qué aspecto tiene este futuro?

Paso 2. Ahora, pasa alrededor de 15 a veinte minutos escribiendo de lo que está sucediendo en este futuro ideal tuyo. En especial, piensa acerca de tres áreas en tu vida: tus relaciones, tu trabajo y tus características personales. En términos de tus relaciones, ¿qué te gustaría que estuviese sucediendo con tus amigos, tus seres queridos, tus colegas y las demás personas en tu vida? En tu trabajo, ¿qué te gustaría lograr en términos de tus logros, puesto, habilidades, nivel de pericia y demás? Por último, ¿qué te gustaría cambiar y desarrollar en relación con tus características personales, tus fortalezas y debilidades, tus rasgos y cualidades? Escribe notas sobre cada una de estas tres áreas y, después, trata de combinar tus apuntes en una narración coherente que incorpore tus pensamientos y sentimientos, como si estuvieras escribiendo un resumen de algo que ya te sucedió.

Paso 3. Durante las siguientes dos semanas, pasa cinco minutos al día visualizando un área distinta de tu mejor futuro posible. En días diferentes, piensa en tus relaciones, o en tu trabajo o en tus características personales. Mientras llevas a cabo esta visualización diaria, considera no solo el aspecto que tendría tu vida, sino también cómo te sentirías si hubieras alcanzado este futuro ideal.

Por cierto, si el ejercicio de redacción del MYP te parece conocido, es probable que sea porque nos topamos con algo similar en el capítulo 1. Ese ejercicio, para superar los efectos del estrés y potenciar tu salud física, implicaba uno de escritura de una sola vez.

En contraste con el mismo, este ejercicio de tres pasos del MYP es una de las intervenciones más prolongadas que encontrarás entre las páginas de este libro. Requiere de aproximadamente veinte minutos un día, seguidos de cinco minutos adicionales a diario durante dos semanas. No es algo que te arregle la vida de inmediato. Pero confía en la más que robusta ciencia que lo avala. Estudios han mostrado que elegir prestarles atención a tus metas de vida de forma positiva y deliberada puede ayudar a reprogramar tu cerebro. Podrías ayudarte apenas en cuestión de semanas a crear una perspectiva más positiva de tu vida.

> **Elegir prestarles atención a tus metas de vida de forma positiva y deliberada ayuda a reprogramar tu cerebro.**

Mejora tu equilibrio de vida

Muchas personas se quejan del equilibrio entre su vida laboral y personal, del grado en que su trabajo, estudios, labores de casa u otras obligaciones afectan a sus familias y a sus vidas personales. En términos sencillos, las personas que sienten que tienen demasiadas cosas que hacer a diario no se sienten de lo más felices que digamos.

Seguramente habrás adivinado que estoy preparándome para contarte acerca de una técnica que puedes utilizar para potenciar tu satisfacción general con la vida. Pero llevemos las cosas un paso a la vez. Y el primer paso implica que analices la manera en que pasas tu tiempo de manera habitual.

Piensa en un día promedio. Me imagino que lo más seguro es que tu horario varía de día a día. Pero para los propósitos de este ejercicio, trata de pensar acerca del aspecto que podría tener un día típico o más habitual. En el cuadro de abajo dispuse diez áreas de tu vida; y me gustaría que calcularas la cantidad de tiempo que pasas haciendo cada una. Este es un ejercicio hipotético, de modo que no pases muchísimos minutos tratando de calcular exactamente cuánto tiempo pasas haciendo cada cosa. No te debería llevar más que algunos minutos anotar en las casillas apropiadas de «tiempo invertido» el número de horas que pasas en cada actividad.

Por ejemplo, es probable que duermas más o menos entre cuatro y diez horas por día y que quizá inviertas algunas horas transportándote. Y si eres como la mayoría de las personas, es casi seguro que pases un bueno número de horas en el trabajo o en la escuela... o en ambos. También hay una categoría de «otros» al final de la lista. Si llevas a cabo cualquier actividad que no está en la lista, por favor añádela. Por ejemplo, si eres un proveedor de cuidados de tiempo completo que no recibe pago alguno, eso es algo que querrías incluir. Y si no pasas ninguna cantidad de tiempo en una o más de las actividades, simplemente coloca un cero en esas casillas.

Recuerda que cada día solo cuenta con 24 horas. De modo que tus cifras deben cuadrar. ¡Las horas que les asignes a las diez actividades deben darte un total de 24!

Área de tu vida	Tiempo invertido	Tiempo meta
Dormir (tiempo que pasas en cama)		
Trabajo remunerado (tiempo que pasas en el trabajo)		
Estudios (tiempo que pasas estudiando y en clase)		
Tareas del hogar (tiempo que pasas cocinando, haciendo el quehacer, comprando alimentos, etc.)		
Comunidad (tiempo con grupos, clubes, etc.)		
Diversión (tiempo para deportes, TV, dispositivos, música, etc.)		

Área de tu vida	Tiempo invertido	Tiempo meta
Transporte (tiempo que pasas yendo y regresando del trabajo o de tus estudios)		
Relaciones personales (tiempo con familia, amistades, pareja)		
Salud y cuidado personal (tiempo para ejercitarte, comer, bañarte, etc.)		
Espiritualidad/religión (tiempo en que meditas o llevas a cabo obligaciones religiosas)		
Otro:		
Total	24	24

Disculpa si sueno como disco rayado, pero una vez que hayas puesto tus cifras en la columna de «tiempo invertido», te voy a pedir que verifiques que sumen 24.

Ahora, el siguiente paso es pensar en cómo te gustaría repartir tu tiempo de manera ideal. En esta ocasión, para la columna de «tiempo meta», piensa en la manera en que te gustaría invertir tu tiempo, si pudieras hacerlo. Claro que en tu vida deben existir ciertas limitaciones que no puedes cambiar; pero, ¿qué podrías alterar? ¿Podrías liberar aunque fuera una pequeña parte de tu tiempo por aquí o por allá para encontrar el espacio suficiente a fin de que pudieras dedicarlo a las cosas que a ti te parecen importantes a nivel personal? Quizá quieras dormir algo más o pasar un poco más de tiempo con tu familia. Tal vez desees leer más libros relacionados con los negocios, tener la libertad para llevar a cabo algún pasatiempo o algo completamente distinto. No obstante, como antes, tu total debe sumar un monto exacto de 24 horas.

El tercer y último paso es pensar acerca de las acciones reales que podrías llevar a cabo para cambiar la manera en que pasas tu tiempo por lo general y así acercarte más a tu disposición ideal de tiempo. Entonces, ¿qué acciones podrías implementar durante las siguientes cuatro semanas?

Para este momento, es casi seguro que ya habrás determinado lo que implicaría tu día ideal; ahora, se trata de que averigües qué puedes hacer de manera diferente para acercarte más a ese ideal.

Lo más seguro es que no logres alcanzar tu horario ideal de manera perfecta y, por supuesto, habrá días en que resulte imposible por completo; pero incluso los cambios pequeños en términos de cómo inviertes tu tiempo podrían ayudarte a sentir mayor control y mayor felicidad en tu vida.

> **Los cambios pequeños respecto a cómo inviertes tu tiempo ayudan a sentir mayor control y mayor felicidad en tu vida.**

Como este es el último capítulo del libro, estoy seguro de que habrás adivinado que no es un ejercicio que se me ocurrió de la nada. Este método de equilibrio de vida es la creación de un equipo de colaboradores internacionales provenientes de Estados Unidos, Australia e India. Y, más importante aún, los investigadores Kennon Sheldon, de la Universidad de Misuri-Columbia, Robert Cummins, de la Universidad Deakin, y Shanmukh Kamble, de la Universidad Karnatak, encontraron que su método de «equilibrio de vida» funciona. A lo largo de un periodo de cuatro semanas, los participantes experimentales que alteraron su repartición de tiempo de forma exitosa informaron de mayores niveles de bienestar subjetivo.[4]

Diseña tu día perfecto

Recuerda que el método de equilibrio de vida consta de tres pasos generales. Primero que nada, determina cómo tiendes a pasar un día promedio. Cuenta el número de horas que por lo general pasas en el transporte, en dormir, diversión y otras actividades.

En segundo lugar, determina cómo te *gustaría* pasar tu tiempo. Sé positivo, pero también realista. Lo más probable es que no puedas reducir tus horas de trabajo a la mitad, ni tampoco podrás transportarte de manera instantánea a tu oficina o al sitio en el que trabajas.

En tercer lugar, piensa bien qué acciones podrías llevar a cabo para poder pasar tu tiempo de una manera más deseable. Por ejemplo, quizá un poco más a menudo podrías decir que no a algunas tareas o priorizar de manera más cuidadosa y optar por ignorar algunas tareas o quehaceres por completo. Tal vez podrías trabajar desde casa de vez en cuando. ¿Hay alguna manera en que te transportes más temprano o más tarde para evitar el tráfico? Comparte tu cuadro de tiempos con algunos amigos o miembros de tu familia y pídeles recomendaciones.

Los tres pasos tienen que ver con la planeación, pero quizá la parte más desafiante empiece cuando intentes poner algunas de tus acciones en práctica. Es frecuente que interfiera la caótica realidad: diferentes problemas y dificultades podrían conspirar para descarrilar tus planes. Es posible que solo puedas ahorrar cantidades mínimas de tiempo en alguno que otro lugar, pero si sumas la cantidad suficiente de cambios podrías conseguir una diferencia mensurable en tu propio bienestar.

Es más que evidente que el método de equilibrio de vida no es un remedio veloz. Requiere de planeación, de mucha reflexión y, quizá, de conversaciones con uno que otro amigo tan solo para empezar. Además, en total, el proyecto completo se lleva cuatro semanas. Sin embargo, son pocas las cosas valiosas de la vida que puedan resolverse de un día para otro. La única pregunta sería: ¿estás dispuesto a hacer la inversión que se necesita para darle una oportunidad a esta técnica basada en la evidencia?

> Son pocas las cosas valiosas de la vida que puedan resolverse de un día para otro.

Sintoniza tu conciencia con las cosas buenas

Tanto el método del mejor yo posible (MYP) como el método del equilibrio de vida que estudiamos hasta el momento en el presente capítulo requieren de algunas semanas para llevarlos a cabo. Pero si estás buscando algo que potencie tu bienestar psicológico casi de manera instantánea, podrías intentar con una intervención psicológica distinta.

Se le conoce como la intervención de tres cosas buenas y es de lo más sencilla. Solo necesitas pasar al menos cinco minutos escribiendo acerca de tres cosas que hayan salido bien para ti, y las razones por las que salieron bien.

Y eso es todo. Como te lo dije antes, es de lo más sencillo.

Por supuesto, hay evidencia que sustenta esta teoría. Un equipo de investigadores encabezado por Joyce Bono, de la Universidad de Florida, les pidió a 61 adultos que participaran en un experimento de 15 días de duración. A lo largo de los primeros siete días, los investigadores le hablaron por teléfono a cada uno de los participantes para entrevistarlos en cuanto a sus niveles de estrés.

En los ocho días finales, a los participantes se les indicó que, al final de cada día de trabajo, escribieran al menos tres cosas buenas que les hubieran sucedido ese día. Para cada cosa buena, a los participantes se les pidió que respondieran la pregunta: «¿Por qué sucedió esto que fue bueno?». En total, a los participantes se les alentó a que escribieran durante cinco a diez minutos.

Cuando analizaron los resultados, Bono y sus colaboradores encontraron que los participantes que terminaron el ejercicio escrito antes de salir del trabajo indicaron que habían experimentado menos quejas de salud durante el resto de su día. Los participantes también indicaron que se sintieron más desconectados de su trabajo y también menos estresados en términos generales.[5]

Así pues, como podrás ver, no es que los beneficios tardaran ocho días o más en surtir efecto. Cuando los participantes llevaron a cabo el ejercicio escrito justo antes de que salieran del trabajo, se sintieron más energizados *esa misma tarde*. Como dije, este es un método que puede ayudar a las personas con gran velocidad.

Registra las cosas buenas

La técnica de tres cosas buenas parece ser una manera para que las personas se sientan más energizadas, tanto a nivel físico como psicológico, después del trabajo. Una buena parte de nosotros estamos programados para quejarnos de las cosas que salieron mal en el trabajo. Por el contrario, este ejercicio es una manera de entrenar al cerebro a buscar lo positivo en nuestras vidas de manera deliberada. No tenemos que pasar nuestras noches obsesionados de manera innecesaria con los problemas o dificultades del día de trabajo.

Para intentar este ejercicio, pasa al final de tu día de trabajo entre cinco y diez minutos escribiendo:

- Tres cosas positivas que te hayan sucedido en el día.
- La razón por la que salió bien cada una de esas cosas. Responde la siguiente pregunta a tu entera satisfacción: «¿Por qué sucedió esta cosa buena?».

Tú decides acerca de qué quieres escribir. Las tres cosas buenas pueden ser grandes o pequeñas. En realidad, pocos días estarán colmados de logros o sucesos importantes. Gran parte del tiempo, el solo poder terminar algún proyecto de manera exitosa, recibir el cumplido de algún colega o incluso disfrutar de una caminata al atardecer pueden ser cosas que valga la pena celebrar.

Al principio, es posible que se sienta algo extraño escribir acerca de sucesos positivos y de las razones por las que ocurrieron. Al igual que aprender la gran mayoría de habilidades nuevas —tocar el violín, hablar un idioma extranjero, andar en patineta— es posible que se sienta poco familiar o incómodo. Solo recuerda que el ejercicio de tres cosas buenas es una simple manera de reorientar a tu cerebro para que puedas encontrar mayor felicidad en los momentos positivos que, de manera genuina, sí te suceden a diario.

El ejercicio de tres cosas buenas es una simple manera de reorientar a tu cerebro para que puedas encontrar mayor felicidad en los momentos positivos que, de manera genuina, sí te suceden a diario.

Ahora bien, es posible que hayas notado que este ejercicio tiene un parecido más que ligero con la práctica de gratitud que analizamos por allí del capítulo 3. No obstante, existen algunas diferencias entre los dos. Por ejemplo, el ejercicio de las tres cosas buenas tiene que hacerse al final del día del trabajo y no al final del día completo. Así también, el ejercicio de las tres cosas buenas les pide a las personas que indiquen no solo *qué* les sucedió, sino también *por qué*.

No estoy seguro de que hacer tanto la práctica de gratitud del capítulo 3 *y* este ejercicio de tres cosas buenas te ofrezca un efecto adicional. Sospecho que hacer cualquiera de los dos podría ser beneficioso, pero que hacer ambos tendrá un efecto que sea menor a la suma de sus partes. Digamos que uno potencie el bienestar de las personas 10% y el otro 10% también; yo supongo que la combinación de los dos podría resultar en un total de mejora de quizá 12 o 16%; algo por debajo de lo que nos gustaría.

No hay investigaciones al respecto, pero en mi opinión muy personal pienso que muchas de estas técnicas tienen efectos más o menos semejantes; a fin de cuentas, la elección de cuáles decidas implementar dependerá de tus preferencias personales. A menudo, pienso que es análogo a la elección de un analgésico para el dolor de cabeza. Algunas personas prefieren el paracetamol; otras prefieren el ibuprofeno. Es lo mismo en el caso de las técnicas psicológicas; no hay una respuesta correcta o incorrecta; no existe un remedio que sea mejor o peor para todas las personas. Todos contamos con distintos gustos y preferencias, así que elije cualquiera de los ejercicios que más adecuado te parezca.

En el caso de las técnicas psicológicas, no hay una respuesta correcta o incorrecta; no existe un remedio que sea mejor o peor para todas las personas.

Obtén mayor dicha de las experiencias cotidianas

El Universo cinematográfico de Marvel es la franquicia de películas más exitosa de toda la historia. La primera vez que vi *Los vengadores*, casi lloré de la emoción. Yo leí los cómics durante mi infancia —empecé cuando tenía ocho o nueve años— y solían fascinarme los gráficos, las batallas contra los supervillanos, pero también las peleas entre los héroes mismos. Casi grité de felicidad al ver a mis héroes de la infancia en la pantalla grande. Y, como dije antes, en diversos momentos durante la película me sentí tan lleno de dicha que pude sentir que los ojos se me llenaban de lágrimas.

Desde ese entonces, he visto la película un par de veces más, pero jamás he tenido ese mismo nivel de reacción visceral. Y eso, casi con toda seguridad, se debe a un fenómeno psicológico que se denomina adaptación. La primera vez que experimentamos algo disfrutable no sabemos exactamente qué esperar, de modo que todos nuestros sentidos se involucran de manera plena. Sea que se trate de probar algún platillo que jamás antes hayamos comido, de jugar un deporte nuevo, de ver el programa de televisión más reciente, o de cualquier otra cosa, no podemos evitar involucrarnos más en ello. No obstante, la segunda vez se vuelve un poco menos diferente y especial. Y así sigue pasando durante la tercera vez, la cuarta y así sucesivamente. Mientras más conocida se vuelve la experiencia, menos placer podemos derivar de la misma. En jerga psicológica, nos hemos adaptado a ella.

Una de las implicaciones de la adaptación psicológica es que tendríamos que buscar variedad y novedad en nuestras experiencias a fin de sentir las emociones positivas, como la dicha, con mayor fuerza. Limitarnos a releer los mismos libros, a volver a ver las mismas películas y a comer los mismos alimentos una y otra vez casi con toda seguridad conducirá a que tengamos un aprecio menos intenso de la vida.

Tendríamos que buscar variedad y novedad en nuestras experiencias a fin de sentir las emociones positivas, como la dicha, con mayor fuerza.

Otra opción es compenetrarnos con cualquier experiencia de manera más plena; centrarnos en ella de manera completa y deliberada, como si la estuviésemos experimentando por primera vez. Por ejemplo, es casi seguro que haya docenas de alimentos que ya comiste en repetidísimas ocasiones. Pero imagina que provienes de una cultura remota y que jamás has probado un trozo de pan, un plato de tallarines o pasta, una barra de chocolate o cualquier otra cosa que ya estás más que acostumbrado a comer. Intenta centrarte en el sabor, en la textura, en las sensaciones e, incluso, en los sonidos de cada bocado. Las personas que informan comer con conciencia plena indican que disfrutan más de sus alimentos. Y, por cierto, las personas que aprenden a comer con conciencia plena también tienden a comer menos y a pesar menos que las personas que comen de manera más irreflexiva.[6]

Pero el punto principal del que estoy hablando aquí no tiene que ver con bajar de peso. Tiene que ver con compenetrarte con cualquier experiencia —trátese de comida o de volver a ver una de tus películas favoritas— de manera más plena a fin de revitalizar lo que disfrutas de ella.

También existe una opción más, que se descubrió en una serie de estudios que llevaron a cabo Ed O'Brien, de la Universidad de Chicago, y Robert Smith, de la Universidad Estatal de Ohio. En uno de sus estudios los investigadores les pidieron a los participantes que comieran palomitas, solo diez de ellas, ya sea con la mano o con un par de palitos chinos. Cuando se les pidió que calificaran cuánto habían disfrutado de la botana, los participantes que las comieron con palitos indicaron que las habían disfrutado 11% más. Comer un alimento conocido de manera poco familiar había aumentado su disfrute del mismo.

En otro experimento, el dúo de investigadores les pidió a los participantes que calificaran qué tanto disfrutaron ver un emocionante video de un paseo en motocicleta filmado desde la perspectiva del conductor. Después, se les mostró el mismo video en dos ocasiones subsiguientes, pero con los participantes divididos en dos grupos para la tercera ocasión. La primera mitad de los participantes vieron el video de la misma manera convencional en que lo habían visto en las dos ocasiones anteriores. Pero a la segunda mitad se les pidió que hicieran lentes con las manos y lo vieran a través de estos, por medio del uso de sus índices y pulgares para formar círculos frente a sus ojos, y que siguieran el trayecto del paseo inclinando sus cabezas a la derecha o a la izquierda cuando el conductor girara en una dirección o en otra.

Los participantes que observaron el video de la manera habitual informaron disfrutarlo menos en la segunda ocasión, y todavía menos en la tercera, con lo que se demostró el principio de la adaptación. Pero los participantes que lo observaron a través de sus dedos en círculo informaron que el video les pareció casi tan emocionante como en la primera ocasión. De nuevo, la práctica poco convencional potenció su diversión.[7]

A lo largo de una secuencia de estudios que involucraron distintos tipos de experiencias y de medios, O'Brien y Smith llegaron a la misma conclusión una y otra vez: para poder volver a capturar la manera en que nos sentimos acerca de experiencias que ya hemos tenido, nos podemos beneficiar de consumir las cosas viejas de formas nuevas.

Para poder volver a capturar la manera en que nos sentimos acerca de experiencias que ya hemos tenido, nos podemos beneficiar de consumir las cosas viejas de formas nuevas.

Recaptura tus experiencias de primera vez

Forma parte de la naturaleza humana derivar menos placer de las experiencias que ya hemos tenido. Es por esa razón que el viejo dicho inglés que reza «la variedad es la sal de la vida» podría ser completamente cierto: consumir cosas nuevas podría ayudarnos a experimentar la vida de manera más intensa. Sin embargo, hay otras dos maneras de recapturar la manera en que te sentías acerca de experiencias que ya viviste.

- Consume la misma experiencia con conciencia plena. En la vida moderna, es bastante frecuente que nos apresuremos a consumir ciertas experiencias sin apreciarlas del todo. Por ejemplo, muchos de nosotros comemos mientras vemos televisión, o quizá veamos Netflix al mismo tiempo que revisamos Instagram y mensajeamos a nuestras amistades. Los estudios sugieren que concentrarnos de manera plena y deliberada en una experiencia a la vez puede ser una mejor manera de disfrutar dicha experiencia a fondo.

- Consume la misma experiencia de forma novedosa. Los trabajos de O'Brien y Smith sugieren que es posible superar la adaptación psicológica con tan solo cambiar la forma en que consumimos las experiencias. El beneficio adicional es que revivir las experiencias viejas podría resultar más económico, a la vez que menos excesivo y derrochador de tiempo. Así que utiliza tu imaginación para ver qué nuevos métodos puedes inventar.

Me siento algo dudoso de darte ejemplos de formas poco convencionales de consumir experiencias viejas. Lo que le puede funcionar bien a una persona puede parecerle molesta o ridícula a otra. Por ejemplo, en la universidad tuve a una amiga quien descubrió, por breve tiempo, que disfrutaba beber su café de un tazón más que de una taza, pero a mí la mera idea me pareció una tontería.

Se me ocurre colocar cobijas y cojines en el piso y crear una especie de madriguera desde la cual podrías ver tu película favorita en lugar de solo sentarte en tu sofá. Sin embargo, es más que posible que eso te parezca demasiado incómodo o inconveniente. Podrías mover tu sofá mucho más cerca de tu televisor o subirle al volumen. O sentarte completamente desnudo mientras ves la película. O invitar a amigos a que vengan a ver la película contigo, pero disfrazados de los personajes de la misma. O quizá preferirías verla de nuevo en un cine al aire libre bajo el cielo estrellado.

No existe un solo método que le funcione a todo el mundo. El punto crucial es este: para revitalizar el placer que derivas de experiencias atesoradas pasadas, trata de encontrar maneras diferentes de disfrutarlas.

Para revitalizar el placer que derivas de experiencias atesoradas pasadas, trata de encontrar maneras diferentes de disfrutarlas.

Invierte en tu relación

Una pareja romántica puede ser una fuente de enorme felicidad; pero también de enorme desdicha. En la mayoría de los países del mundo occidental, entre 40 y 50% de los matrimonios terminan en divorcio. Incluso cuando las parejas eligen no divorciarse, no significa que siempre sean felices; algunas parejas se esfuerzan por mantenerse juntas por años, a pesar de sentirse resentidas y menos que completamente satisfechas.

Si te encuentras en una relación, ¿cuánto tiempo invertirías para ser más felices juntos? ¿Tu relación vale apenas siete minutos de tu tiempo?

¿Tu relación vale apenas siete minutos de tu tiempo?

El breve ejercicio de escritura que estoy a punto de compartir contigo se ha visto extensamente sometido a prueba por un colectivo de científicos de psicología. Bajo el mando de Eli Finkel, profesor de psicología de la Universidad Northwestern, el equipo supervisó la satisfacción matrimonial de 120 parejas heterosexuales casadas durante un año completo. A la mitad de las parejas solo se les supervisó por un año; cada cuatro meses respondieron cuestionarios donde calificaban en qué nivel coincidían con afirmaciones tales como «Me siento satisfecho con nuestra relación» y «Estoy comprometido con mantener mi relación con mi pareja». A la otra mitad de las parejas también se les pidió que respondieran los mismos cuestionarios una vez cada cuatro meses; pero además se les pidió que pasaran apenas siete minutos aprendiendo cómo pensar de manera distinta acerca de los conflictos y desacuerdos dentro de su relación.

En términos psicológicos, la técnica se denomina reevaluación emocional; se refiere a aprender a ver situaciones angustiantes de forma menos negativa. Y después de 12 meses completos, Finkel y asociados encontraron que las parejas a las que se les había enseñado la reevaluación emocional informaban sentirse cuantificablemente más satisfechas con sus relaciones que las parejas a las que solo se monitoreó de forma pasiva.[8]

Para mí, este estudio ilustra que tener una relación larga y satisfactoria no solo tiene que ver con encontrar a esa única persona del mundo que es perfecta para ti. El final feliz no sucede de manera automática. Las relaciones felices requieren de un trabajo continuo. En este caso, una inversión relativamente modesta de tiempo en un ejercicio mental sencillo puede permitir que hagas una importante diferencia en tu relación.

Las relaciones felices requieren de un trabajo continuo.

Escribe para lograr la satisfacción en tu relación

A fin de potenciar la satisfacción en tu relación, tanto tú como tu pareja necesitan realizar este ejercicio de reevaluación emocional. Te sugiero que lleven a cabo los pasos de manera independiente: no es necesario que lo hagas al mismo tiempo ni en el mismo sitio en que lo haga tu pareja; y tampoco es necesario que alguna vez se muestren lo que escribieron. Finkel y sus colaboradores encontraron que llevar a cabo este ejercicio una vez cada cuatro meses fue suficiente para producir un beneficio mensurable en términos de la calidad de la relación.

- De inicio, tómate unos minutos para escribir acerca del desacuerdo más importante que hayas tenido con tu pareja en los últimos cuatro meses. Evita escribir acerca de tus pensamientos y sentimientos. Hasta donde te sea posible, escribe un resumen de lo que sucedió en realidad en términos objetivos.
- A continuación, viene la parte de la reevaluación: piensa acerca del desacuerdo desde el punto de vista de un tercero neutral. Imagina que este individuo quiere lo mejor para ti y tu pareja, pero que tiene un punto de vista imparcial. ¿Qué podría pensar este observador objetivo acerca del desacuerdo? ¿Cómo es que este observador podría encontrar algo bueno que pudiera derivarse de ello?
- Toma en cuenta que, para muchas personas, es de utilidad tomar esta perspectiva objetiva durante los desacuerdos con la pareja romántica. Claro que no es nada fácil tomar esta perspectiva imparcial en todo momento. Así que pregúntate a ti mismo: dentro de tu relación, ¿qué obstáculos se interponen para que tomes esta perspectiva cuando estás teniendo un desacuerdo con tu pareja?

- Por último, piensa en cómo puedes adoptar este punto de vista ajeno durante una mayor parte del tiempo en los siguientes cuatro meses. Apunta todas las ideas que se te ocurran acerca de cómo podrías ayudarte a tener mayor éxito para adoptar esta perspectiva más objetiva. Y, por último, escribe al menos una manera en la que adoptar esta perspectiva podría beneficiarte a ti y a tu relación.

Muchas de las intervenciones de este libro son increíblemente sencillas; algunas de ellas toman apenas un momento para llevarse a cabo. Este ejercicio de revitalización de relaciones cuenta con algunos pasos adicionales y se necesita llevar a cabo más o menos cada cuatro meses; piensa en él como si fuera una especie de vacuna, un refuerzo que le de mayor vida a tu relación. Y, de todos modos, 21 minutos al año no es pedir gran cosa, ¿no crees?

Arriba y adelante

- Para potenciar tu sentido de optimismo, trabaja con los tres pasos del ejercicio de tu mejor yo posible (MYP). Escribe acerca de cómo esperas que tu vida resulte en el mejor sentido, en términos de tus relaciones, de tu vida profesional y de tus rasgos y cualidades personales. Después, reflexiona acerca de esa imagen positiva futura visualizándola a diario por dos semanas.
- Utiliza el método del equilibrio de vida para determinar cómo es que pasas tu tiempo de manera habitual. Después, plantea cómo te gustaría invertir tu tiempo *de manera ideal*. Este es un método dirigido a hacer una verdadera diferencia en tu vida, de modo que date cuatro semanas para llevar a cabo un cambio significativo. Al hacer alteraciones incluso relativamente

pequeñas en la manera en que programas las cosas podrías hacer una diferencia mensurable en tu felicidad y bienestar.

- Para darle un impulso (posiblemente más pequeño) a tu felicidad cada noche, intenta usar el ejercicio de tres cosas buenas. Cuando estés a punto de finalizar tu día de trabajo, escribe acerca de tres momentos positivos y de la razón por la que sucedieron. Hazlo y podrás ayudar a distanciarte de manera más exitosa de tu trabajo, a reducir tus niveles de estrés y a sentirte más energizado físicamente.
- Derivar placer de nuestras cosas favoritas es una manera de experimentar dicha y felicidad. Pero sabemos que la repetición excesiva de las cosas que disfrutamos o, incluso, que amamos a veces puede llevar al aburrimiento. Para restaurar el deleite que derivas de esas cosas que aprecias, considera consumirlas de modos ligeramente distintos. Sé creativo. Utiliza tu ingenio para cambiar las circunstancias en las que ves tu película favorita, lees un libro bien amado, ingieres un alimento favorito o disfrutas de un pasatiempo atesorado. Hazlo y es posible que reavives una vez más la felicidad que te producen.
- Toma en cuenta que tu pareja romántica —tu novio, novia, esposo o esposa— puede ser una fuente de enorme felicidad o infelicidad en tu vida. A fin de potenciar tu satisfacción con tu relación, utiliza el ejercicio escrito de reevaluación emocional para cambiar la manera en que percibes los conflictos dentro de tu relación. Si tú y tu pareja pueden hacer este ejercicio de cuatro pasos solo una vez cada cuatro meses, es posible que observen un cambio pequeño, pero mensurable, en la calidad de su relación.

10%

CONCLUSIONES

ARRIBA Y ADELANTE, AHORA TE TOCA A TI

La disciplina es el puente
entre las metas y los logros.

MADRE TERESA

A fin de cuentas, este libro tiene que ver con hacer las cosas de manera diferente (¡mejor!) y con alcanzar tus metas. Y lo más maravilloso es que casi cualquiera puede utilizar las simples técnicas que discutimos. No necesitas tener ninguna habilidad, antecedente o educación particular para beneficiarte de ellas.

Podrías tener distintos títulos y ser un profesional galardonado, o podrías ser el tipo de persona que detestaba la escuela. Podrías ser una oficinista, un maestro, un piloto de vuelos comerciales, una *chef*, un proveedor de cuidados, una entrenadora de tenis, lo que sea. Lo único que necesitas es el deseo de mejorar tus circunstancias y la disposición de invertir un poco de tiempo para trabajar con las técnicas y ejercicios apropiados.

Cualquiera puede utilizar las simples técnicas de las que hemos hablado.

He visto a infinidad de clientes que logran hacer cambios verdaderos en sus vidas. Por lo general, eso se lleva muchos meses en lugar de semanas; pero he visto a cliente tras cliente mejorar su vida y alcanzar sus metas.

Por ejemplo, Gavin, un asistente de contador de 29 años, vino a verme porque estaba a punto de perder su empleo. Su jefe anunció que iban a liquidar a la mayoría de las personas de su departamento. Se sintió paralizado por el temor que le provocaba todo el proceso de búsqueda de empleo pero, en especial, por la idea de tener que asistir a las entrevistas de trabajo.

A lo largo de varias sesiones —algunas frente a frente y otras por Skype— trabajamos para que obtuviera un trabajo nuevo. Antes que nada, lo alenté a que mantuviera sus preocupaciones en perspectiva al pensar en su futuro distante. Para aliviar sus temores, le pedí que visualizara y escribiera acerca de su futuro, la técnica que estudiamos en el capítulo 1 y que se ha mostrado que reduce el estrés.

Después, lo alenté a que utilizara la técnica de planeación inversa (del capítulo 2) para que pensara en todas las cosas que necesitaba hacer: reescribir su CV, buscar nuevas oportunidades en línea, ponerse en contacto con reclutadores, ensayar las respuestas a las probables preguntas de entrevista, enviar solicitudes, investigar a sus empleadores y así sucesivamente.

Más adelante, trabajamos para aumentar su confianza y su impacto. Por ejemplo, le indiqué que podía trabajar para mantenerse motivado por medio del diálogo interno fraseado en tercera persona (p. ej. «¡Puedes hacerlo, Gavin!»), más que en primera persona (p. ej. «¡Puedo hacerlo!»); una técnica de la que hablamos muy al principio del libro, en la introducción. Además, le sugerí algunos ejercicios para fortalecer su espalda a fin de que mejorara su postura (capítulo 7), algo que a la larga lo ayudaría a sentirse y parecer más confiado.

Otro ejemplo: Bianca, una gerente de oficina de cincuenta y tantos años que buscaba hacer un cambio radical en su trayectoria profesional. Empecé a trabajar con ella justo después de que retomó su entrenamiento como consejera nutricional. Para ayudarla a que estudiara de manera más eficaz para aprobar sus exámenes, le recomendé que renovara la totalidad de su enfoque de estudio por medio de las técnicas del capítulo 6. En específico, la alenté a pasar mucho más tiempo produciendo que ingresando; que se sometiera a prueba en lugar de limitarse a revisar sus apuntes o a ver videos en línea una y otra vez.

Varios meses después de que empezáramos a trabajar juntos, su hijo mayor adolescente se metió en terribles dificultades en la escuela y se le diagnosticó depresión y ansiedad. Bianca se sintió abrumada entre su trabajo de tiempo completo, sus estudios y sus intentos por darle apoyo a su hijo. A nivel práctico, pasamos un tiempo planificando su horario para que pudiera lograr que cupieran su trabajo, sus estudios y sus demás actividades. Sin embargo, en lugar de hacerlo desde una perspectiva de primera persona, a Bianca le fue de provecho imaginar que estaba planeándolo para alguien más que, de casualidad, también se llamaba Bianca (una técnica del capítulo 4). También le enseñé la importancia de establecer metas que implicaran una aproximación a lo que deseaba en lugar de evitar lo que no quería; después dividimos esas metas en una serie de intenciones de implementación específicas (ambas, técnicas del capítulo 2).

Hubo diversas otras intervenciones que le enseñé (muchas de las cuales, por desgracia, no pude incluir en este libro); una técnica final que resultó de utilidad fue pasar algunos minutos al final del día escribiendo de aquellas cosas por las que estaba agradecida (del capítulo 3).

No estoy diciendo que las técnicas precisas que ayudaron a Gavin y a Bianca son, necesariamente, las mejores para ti. Tal vez estés luchando por tomar una decisión y lo que te serviría es el método secuencial de torneo del capítulo 4. Y si estás buscando bajar de peso o mejorar tu salud de alguna otra manera, el ejercicio de valores que viene en el capítulo 3 podría ser un buen punto de inicio. O bien, si necesitas tener un buen desempeño en alguna audición, competencia o entrevista de trabajo, quizá debas intentar escribir acerca de tus éxitos pasados o crear un ritual que potencie tu seguridad en ti mismo (ambos del capítulo 7). El punto es que las técnicas de este libro te pueden ayudar a volverte una mejor versión de ti mismo —reducir tu estrés, potenciar tu motivación, bajar de peso y alcanzar más de tus metas de vida— siempre y cuando *las utilices de veras.*

> Las técnicas de este libro te pueden ayudar a volverte una mejor versión de ti mismo, siempre y cuando las utilices de veras.

Vincula las técnicas correctas con tus gustos personales

En los ocho capítulos de *10% mejor* presenté muchas técnicas diferentes; no obstante, sospecho que no encontrarás que cada una de ellas te sea de utilidad.

Para explicar lo anterior, permíteme que te haga una pregunta: ¿cuál es tu bebida favorita? De manera más específica, cuando cocinas una comida en casa o, quizá, cuando vas a cenar en un restaurante, ¿qué te gusta beber mientras comes? Tal vez te agrade la cerveza. A algunas personas les gusta el vino. A mí en lo personal me gusta el agua simple. Aunque me ofrecieras una copa de champaña, preferiría un vaso con agua de la llave para acompañar mis alimentos porque de esa forma puedo concentrarme de veras en los sabores y texturas de mi comida.

Cuando se refiere a la mayoría de las experiencias de la vida. No hay una sola «mejor» opción. Si te contara acerca de mis libros, películas, programas de televisión, comidas, destinos turísticos o experiencias sociales favoritas, imagino que discreparías con la mayoría; después de todo, tú tienes tus preferencias personales. Y es cada vez más frecuente que los psicólogos descubran que lo mismo es cierto cuando de técnicas e intervenciones psicológicas se trata.

Por ejemplo, tomemos el ejercicio de la gratitud. Hablé de esto por allá del capítulo 3; es lo que llamo una técnica ganar-ganar-ganar. Tal vez recuerdes que los investigadores Robert Emmons y Michael McCullough demostraron que escribir acerca de las cosas por las que las personas se sentían agradecidas los ayudaba a sentirse más felices y sanas; y que también terminaban haciendo una mayor cantidad de ejercicio físico.

Un estudio más reciente, que dirigió Carolyn Winslow, de la Universidad George Mason, específicamente analizó los beneficios de una técnica de agradecimiento basada en el trabajo. A los participantes de Emmons y McCullough se les alentó a que escribieran de cualquier cosa en sus vidas por lo que se sintieran agradecidas. En contraste, a los participantes de Winslow se les pidió que solo anotaran las cosas relacionadas con el trabajo por las que se sentían agradecidas.

Un mes después, los participantes de Winslow no reportaron sentirse mejor que aquellos participantes a los que no se les enseñó la técnica de la gratitud. Bueno, quizá no sea del todo sorprendente. Finalmente, todos tenemos malos días en el trabajo y, de vez en vez, tenemos días horribles en el trabajo. De modo que existe la posibilidad de que el ejercicio de Winslow, de gratitud basada en el trabajo, no haya producido beneficio alguno porque a las personas les resulte más fácil, en términos generales, destacar los puntos más positivos de sus vidas fuera del trabajo.

Sin embargo, un análisis adicional de Winslow y sus colegas reveló que el ejercicio de gratitud basado en el trabajo sí benefició a *algunas* personas. En específico, quienes se describieron a sí mismas como más confiadas y con menores probabilidades de encontrar defectos en otros experimentaron aumentos significativos en su bienestar psicológico.[1]

En otras palabras, algunas personas se beneficiaron de ese ejercicio psicológico más que otras. Este tipo de investigaciones, que explora a las personas que se benefician de técnicas particulares, apenas está en su infancia; hay muy pocos ejemplos de las mismas. Pero el punto es el siguiente: no espero que cada una de las técnicas del presente libro funcione en tu caso.

Incluso una intervención que le ofrece resultados excelentes a alguna de tus amistades más cercanas o a algún colega en el trabajo podría no servirte de nada a ti (o viceversa). Necesitarás probar con los diferentes métodos para ver cuáles sientes que te ofrecen los mejores resultados.

Incluso una intervención que le ofrece resultados excelentes a alguna de tus amistades más cercanas o a algún colega en el trabajo podría no servirte de nada a ti.

Necesitas ser inteligente en cuanto a mejorar. Y, para lograrlo, te sugiero que te consideres tanto científico como participante experimental. Tú, como participante experimental, tendrás que someter a prueba las distintas técnicas y ejercicios que se encuentran en este libro. Pero después de probar con cada una, tú como científico tendrás que estudiar los resultados a fin de decidir si te ofreció un resultado adecuado. Si así fue, excelente. Si no, tal vez te animes a intentarlo de nuevo o a probar con algo diferente.

Crea el programa perfecto para tu superación personal

Por allí en el capítulo 2 expliqué que las personas tienden a tener mucho más éxito en alcanzar sus metas cuando las dividen en varios compromisos más explícitos. Quizá recuerdes que hablamos de las investigaciones acerca de las intenciones de implementación, que asumen la forma de declaraciones de «Si..., entonces...». (Tal vez desees regresar a la sección de «Especifica cuándo y cómo quieres triunfar» y también, en particular, al apartado de «Convertir metas generales en acciones específicas».)

De modo que ahora te toca a ti. Sean las que sean tus metas generales, trata de convertirlas en un conjunto de compromisos más específicos que lleves a cabo. ¿Qué es lo que harás... y exactamente cuándo lo harás?

Por ejemplo, supón que quieres que tus colegas te vean como una persona más capaz y confiada en sí misma, y digamos que te gustaría probar la técnica de recuerdos positivos del capítulo 7. Podrías escribir un compromiso de intención de implementación para ti mismo que diga algo así como: «Si me estoy preparando para mi reunión de equipo semanal, pasaré cinco minutos escribiendo acerca de una experiencia positiva pasada específica».

O bien, si estás tratando de tener una vida más creativa, tal vez podrías decidirte a hacer compromisos como este: «Si necesito pensar de manera creativa al inicio de un proyecto, iré al café que está a la vuelta por una hora» y «Si necesito pensar de manera más creativa, empezaré pasando diez minutos escribiendo acerca del proyecto como si tuviera siete años de edad».

Los compromisos específicos que hagas dependerán de dos cosas: antes que nada, de lo que son tus metas —si tienen que ver con tu condición física, con el estrés, la felicidad, el estudio y demás— y, en segundo lugar, de las técnicas psicológicas específicas que quieras poner a prueba. Realmente dependerá de ti que pienses en las afirmaciones de intención de implementación que se adecúen a tus necesidades. Solo confía en las investigaciones: tómate unos cuántos minutos para traducir tus metas generales en compromisos específicos de intención de implementación y te estarás dando una oportunidad mucho mejor de alcanzarlas.

Prepárate para el éxito

¿Cuántas intenciones de implementación separadas deberías tratar de especificar? O, como me lo preguntan mis clientes de vez en cuando: ¿cuál es el número máximo de intenciones de implementación que debes permitirte?

En mi trabajo con mis clientes, nunca digo que exista un número ideal que le funcione a todo el mundo. De hecho, el mejor o máximo número de intenciones de implementación variará de persona a persona. Creo que la mejor manera de decidir el número correcto para cualquier persona en particular sería por medio de la pregunta: «¿Qué tan confiado te sientes, en términos porcentuales, de que puedas cumplir con todas las intenciones de implementación que decidiste establecer?».

¿Cuánta confianza sientes, en términos porcentuales, de que puedes cumplir con todas las intenciones de implementación que decidiste establecer?

Por ejemplo, digamos que identificas 17 intenciones de implementación separadas que podrías aplicar a tu vida en áreas tales como tu desempeño laboral, tu relación con tu pareja y tu ingesta de alimentos y salud. Imagina que yo te preguntara: «¿Qué tan confiado te sientes, en términos porcentuales, de que puedas cumplir con tus 17 intenciones de implementación?».

No es una pregunta que deberías responder de inmediato. Te aliento a que lo medites de esta manera: ¿apostarías, por decir algo, el precio de una cena en tu restaurante favorito a que podrías cumplir con todas las intenciones de implementación que afirmaste que te gustaría alcanzar?

Tal vez te sientas solo 60% seguro de que podrías lograrlo todo, en cuyo caso yo te respondería que quizá estás tratando de abarcar demasiado. Por lo general, aliento a mis clientes a que elijan un número de intenciones de implementación que los haga sentir 80% seguros que podrían cumplir a carta cabal.

Así que, para algunas personas, ese porcentaje podría conseguirse con un número muy pequeño de intenciones de implementación: solo dos o tres, tal vez. En el caso de la afortunada minoría que sepa que tiene una fuerza de voluntad férrea, tal vez se sienta lo bastante segura como para no solo cumplir con las 17 intenciones de implementación, sino con una que otra más también.

Claro que hay un respaldo científico en preguntarte lo seguro que te sientes acerca de tus metas. Estudios de Timur Sevincer, de la Universidad de Hamburgo, y de Gabriele Oettingen, de la Universidad de Nueva York, mostraron que las expectativas de éxito de las personas de veras predicen, al menos hasta cierto grado, los resultados que obtendrán. Las personas que se sienten más seguras en cuanto a que obtendrán buenos resultados tienden, de manera genuina, a obtener mejores resultados que las personas que son más indefinidas al respecto.[2]

Las expectativas de éxito de las personas predicen, al menos hasta cierto grado, los resultados que obtendrán.

Pero, aparte, está lo siguiente: tienes que ser honesto contigo mismo. Solo tú sabes si te sientes muy seguro, algo seguro o no tan seguro acerca de las metas —las intenciones de implementación— que especificaste.

De modo que antes de que te comprometas con tu lista de intenciones de implementación, échales un buen vistazo. ¿Qué tan seguro te sientes acerca de las mismas?

Tal vez sospeches que tu lista sea demasiado extensa. O quizá sepas que es poco probable que realices algunas de las acciones que especificaste. Por ejemplo, es posible que sepas que eres bueno para alcanzar todas las metas intelectuales que te propongas, como querer leer un número específico de libros de no ficción al año o estudiar a fin de aprobar algún examen. Sin embargo, en el fondo de tu corazón, sabes que no eres igual de bueno en cuanto a las metas físicas, como ir al gimnasio o decir que no a la comida chatarra. O a lo mejor sea todo lo contrario: no eres tan bueno con lo académico, pero eres excelente en lo que se refiere a los deportes y a tu salud.

Es más que evidente que no es una buena idea que te plantees hacer demasiado; podrías simplemente terminar decepcionado cuando no lo logres todo. Es una mejor idea establecer una lista más breve de intenciones de implementación que puedas lograr en su totalidad.

No es una buena idea que te plantees hacer demasiado; podrías simplemente terminar decepcionado cuando no lo logres todo.

Y si no te sientes muy seguro de lograr todo lo planteado en tu lista, también puedes meditar acerca de maneras prácticas para potenciar tus niveles de confianza. ¿Qué consejos o métodos comunes y corrientes podrías utilizar para convertir tus intenciones de implementación en acciones reales? Por ejemplo, hay muchas aplicaciones que puedes instalar en tu teléfono celular para que te den recordatorios de las acciones que deberías estar llevando a cabo. Quizá algunas de ellas te podrían ayudar a mantenerte al tanto de tus compromisos para darte una mejor oportunidad de éxito.

O tal vez pudieras escribir tus intenciones de implementación en trozos de papel que podrías pegar a tu refrigerador, al espejo del baño, al tablero de tu coche o en cualquier otro lugar que elijas. O anótalas en notas Post-it. También podrías compartir tus compromisos con tu pareja o con un par de amigos y darles permiso de que te alienten a llevarlas a cabo de vez en cuando. Haz lo que sea que *tú* pienses que te ayude a triunfar.

Solo recuerda: establece una lista de intenciones de implementación acerca de la que te sientas al menos 80% seguro que la puedes cumplir. Una vez que hayas logrado todo lo que se encuentra en tu lista original, siempre puedes regresar a añadirle todavía más cosas.

Establece una lista de intenciones de implementación acerca de la que te sientas al menos 80% seguro que la puedes cumplir.

Toma en cuenta que es mejor que te decidas a hacer muy poco y que lo logres. Verte a ti mismo alcanzar tus metas te dará mayor confianza y te motivará a hacer todavía más. Si te decides a hacer demasiado, podrías provocar el patrón contrario de conducta: terminar mermando tu seguridad y reduciendo tu motivación para seguir adelante.

Así entonces, sé franco y establece un objetivo súper sencillo. Solo haz unas pocas cosas de inicio y pronto verás que tu éxito crece como bola de nieve que rueda montaña abajo.

Tus primeros pasos para ser mejor

Perfecto. Ya casi llegamos al final del libro. Si quieres leer más consejos de mi parte de manera regular, búscame en redes sociales. Y me fascina oír de mis lectores, así que por favor cuéntame qué pensaste de *10% mejor que antes* ¡o acerca de otra cosa de la que te gustaría que escribiera!

www.facebook.com/drrobyeung
www.instagram.com/doctorrobyeung
www.twitter.com/robyeung

A lo largo del último par de cientos de páginas, hemos hablado acerca de diferentes temas y técnicas. Mi esperanza es que tengas una idea de aquello con lo que quieres trabajar. De todos modos, no te preocupes si no estás del todo seguro de por dónde empezar. Te dejaré un ejercicio final que puedes usar para emprender la marcha; involucra cuatro pasos y toma más o menos un minuto por paso.

El nombre técnico de este ejercicio es contrastación mental con intenciones de implementación, pero yo lo llamo el método MERBLOP porque eso describe los cuatro pasos. Al final de cuentas, el nombre no importa; lo único importante es que docenas de experimentos han mostrado que realmente ayuda a las personas a sentirse más energizadas para ir en busca de sus metas y alcanzarlas.[3]

Para que te funcione a ti, lo primero que necesitas hacer es pensar en una meta y el aspecto que tendría. Después, debes identificar el bloqueo mental más importante que se encuentra en tu camino y, por último, pensar en un plan de acción de un solo enunciado. Estos son los cuatro pasos/preguntas con los que debes trabajar:

- **Me**ta. En un solo enunciado, ¿cuál es tu meta? Elige una meta realista que piensas poder alcanzar en un mes. Así que, aunque quieras cambiar muchísimas cosas en tu vida, por ahora empieza con una sola meta.
- **R**esultado. ¿Cómo se vería y sentiría alcanzar tu meta? En tu interior, imagina que alcanzaste un resultado positivo. Tómate más o menos un minuto para hundirte en esta escena mental de cómo se vería, oiría y sentiría.
- **Blo**queo mental. ¿Cuál es la mayor barrera psicológica en tu camino? Podría tratarse de un estado de ánimo o creencia, de un rasgo de personalidad o un mal hábito. Aquí, tómate un minuto para identificar el obstáculo mental más profundo que te está impidiendo que logres progresar con tu meta.
- **P**lan. ¿Qué podrías planear hacer para superar el bloqueo mental a fin de emprender la marcha? Escríbelo como una intención de implementación de «Si..., entonces...» para que cuando surja el bloqueo mental te comprometas a hacer o a decirte algo para tratar de superarlo.

Por ejemplo, digamos que alguien que se llama Jeremiah quiere ponerse en mejor forma y bajar de peso; identifica eso como su meta del paso 1. A continuación, tendría que tomarse algunos minutos para visualizar cómo se vería y cómo se sentiría estar en mejor condición física: quizá vea el reflejo de su cuerpo tonificado en un espejo o escuche los cumplidos de sus amigos y colegas dentro de su cabeza.

Más adelante, en el tercer paso, tal vez reconozca que su bloqueo personal más grande es el hambre; que hay veces en que se siente tan hambriento después del trabajo que lo único que quiere hacer es comer algo en lugar de ponerse a hacer ejercicio. Finalmente, piensa en una intención de implementación: asegurarse de comer un refrigerio todas las tardes para no sentir tanta hambre; escribe: «Si me voy a ejercitar ese día, compraré una manzana y un yogur a la hora de la comida y me los comeré a las cuatro de la tarde».

O imagina que alguien que se llama Mirai decide como meta que se quiere sentir menos insegura acerca de su relación con su novio. Quizá pase alrededor de un minuto imaginando que se siente feliz y que le está brindando apoyo a su novio. Después, trata de pensar en el asunto psicológico de mayor importancia que impide que se sienta segura; tal vez es que lleve a cabo un diálogo interno en el que se dice: «No me dice que me ama con la suficiente frecuencia, así que es probable que no me ame en realidad». Para poder superar ese diálogo interno negativo, decide establecer la siguiente intención de implementación: «Si empiezo a dudar de mi relación, mejoraré mi estado de ánimo mirando las fotos que tengo en el celular, donde se ve lo felices que podemos ser».

Claro que todos estos son solo ejemplos. Tu MERBLOP podría ser similar o completamente diferente. La técnica requiere que identifiques una meta que *tú* en lo personal encuentres significativa. Tienes que visualizar cómo se vería y sentiría *para ti*. Tienes que buscar en tu cabeza para identificar el bloqueo mental más grande que te detiene *a ti* de progresar; podría ser algo increíblemente específico que no molesta a la mayoría de las demás personas. Y, por último, tendrías que pensar en un plan de implementación que tenga sentido *para ti* y solo para ti.

En fin, la técnica MERBLOP es solo una idea final para algo que podrías intentar. Si no te gusta, intenta cualquiera de los otros muchos ejercicios o tácticas. Este libro está atestado de más que suficientes métodos comprobados para reducir el estrés, mejorar tu motivación, bajar de peso, potenciar tu creatividad, optimizar tu relación y alcanzar casi cualquier meta. Sin embargo, a fin de convertirte en esa mejor versión de ti mismo tienes que utilizar las técnicas, no solo comprenderlas. Así que sé inteligente. Haz algo. Empieza ahora.

A fin de convertirte en esa mejor versión de ti mismo tienes que utilizar las técnicas, no solo comprenderlas.

Arriba y adelante

- Considera que las técnicas en *10% mejor* te pueden ayudar a reducir tu estrés, bajar de peso, potenciar tu aprendizaje y demás; pero solo si de veras las pones en práctica. Comprender las técnicas y nada más no hará gran diferencia. De modo que haz un plan en cuanto puedas para integrarlas en tu vida cotidiana.
- Utiliza el formato comprobado de «Si..., entonces...» de las intenciones de implementación para generar tu plan de acción. Pasa unos cuántos momentos para elegir el momento correcto del día, la localización o la situación (la parte de «Si...,») en la que utilizarás cualquier técnica dada (la parte de «entonces...»).
- Haz que sea fácil para ti lograr todos tus planes. Decide establecer solo unas cuántas intenciones de implementación que puedas llevar a cabo de manera segura; esto aumentará tu confianza en ti mismo y te permitirá hacer otros cambios más adelante.

- También ten en cuenta que lo más probable es que disfrutes o te beneficies más de ciertas técnicas que de otras. Eres un individuo con personalidad, gustos y preferencias particulares. De modo que acepta que necesitarás un periodo de ensayo y error para determinar los trucos mentales y métodos que te funcionen mejor a ti.
- No te olvides de seguir al Dr. Rob en Twitter (@robyeung), Facebook (drrobyeung) o Instagram (@doctorrobyeung) si quieres continuar tu aprendizaje, crecimiento y mejoramiento.
- Y si todavía no puedes decidir dónde empezar, considera el método MERBLOP (**m**eta, **r**esultado, **blo**queo mental y **p**lan) para lidiar con una sola meta pequeña. Para la mayoría de la gente, la implementación de este método se lleva menos de cinco minutos.

10%

NOTAS

INTRODUCCIÓN

1 Kross, E., Bruehlman-Senecal, E., Park, J., Burson, A., Dougherty, A., Shablack, H., Bremner, R., Moser, J. y Ayduk, O. (2014). Self-talk as a regulatory mechanism: How you do it matters. *Journal of Personality and Social Psychology, 106*, 304-324.

CAPÍTULO 1. PONTE LISTO CON EL ESTRÉS Y CON LAS PRESIONES COTIDIANAS

1 Cohen, S., Kamarck, T. y Mermelstein, R. (1983). A global measure of perceived stress. *Journal of Health and Social Behavior, 24*, 385-396.

2 Levenstein, S., Prantera, C., Varvo, V., Scribano, M. L., Berto, E., Luzi, C. y Andreoli, A. (1993). Development of the perceived stress questionnaire: A new tool for psychosomatic research. *Journal of Psychosomatic Research, 37*, 19-32.

3 Markowitsch, H. J., Vandekerckhove, M. M. P., Lanfermann, H. y Russ, M. O. (2003). Engagement of lateral and medial prefrontal areas in the ecphory of sad and happy autobiographical memories. *Cortex, 39*, 643-665.

4 Speer, M. E. y Delgado, M. R. (2017). Reminiscing about positive memories buffers acute stress responses. *Nature Human Behavior, 1*, Artículo 0093.

5 Speer, M. E., Bhanji, J. P. y Delgado, M. R. (2014). Savoring the past: Positive memories evoke value representations in the striatum. *Neuron, 84*, 847-856.

6 Hystad, S. W., Eid, J., Johnsen, B. H., Laberg, J. C. y Bartone, P. T. (2010). Psychometric properties of the revised Norwegian dispositional resilience (hardiness) scale. *Scandinavian Journal of Psychology, 51*, 237-245.

7 Hystad, S. W., Eid, J. y Brevik, J. I. (2011). Effects of psychological hardiness, job demands, and job control on sickness absence: A prospective study. *Journal of Occupational Health Psychology, 16*, 265-278.

8 Teismann, T., Het, S., Grillenberger, M., Willutzki, U. y Wolf, O. T. (2013). Writing about life goals: Effects on rumination, mood and the cortisol awakening response. *Journal of Health Psychology, 19*, 1410-1419.

9 Harrist, S., Carlozzi, B. L., McGovern, A. R. y Harrist, A. W. (2007). Benefits of expressive writing and expressive talking about life goals. *Journal of Research in Personality, 41*, 923-930.

10 Nabi, H., Kivimäki, M., Batty, G. D., Shipley, M. J., Britton, A., Brunner, E. J., Vahtera, J., ... y Singh-Manous, A. (2013). Increased risk of coronary heart disease among individuals reporting adverse impact of stress on their health: The Whitehall II prospective cohort study. *European Heart Journal, 34*, 2697-2705.

11 Kushlev, K. y Dunn, E. W. (2015). Checking email less frequently reduces stress. *Computers in Human Behavior, 43*, 220-228.

12 Kennedy-Moore, E. y Watson, J. C. (2001). How and when does emotional expression help? *Review of General Psychology*, *5*, 187-212.

13 Wolf, E. B., Lee, J. J., Sah, S. y Brooks, A. W. (2016). Managing perceptions of distress at work: Reframing emotion as passion. *Organizational Behavior and Human Decision Processes*, *137*, 1-12.

14 Galinsky, A. D., Wang, C. S., Whitson, J. A., Anicich, E. M., Hugenberg, H. y Bodenhausen, G. V. (2013). The reappropriation of stigmatizing labels: The reciprocal relationship between power and self-labeling. *Psychological Science*, *24*, 2020-2029.

CAPÍTULO 2. FORTALECE TU MOTIVACIÓN Y ALCANZA TUS METAS

1 Elliot, A. J., Shell, M. M., Henry, K. B. y Maier, M. A. (2005). Achievement goals, performance contingencies, and performance attainment: An experimental test. *Journal of Educational Psychology*, *97*, 630-640.

2 David, M. E. y Haws, K. L. (2016). Saying «no» to cake or «yes» to kale: Approach and avoidance strategies in pursuit of health goals. *Psychology & Marketing*, *33*, 588-94.

3 Patrick, V. M. y Hagtvedt, H. (2012). «I don't» versus «I can't»: When empowered refusal motivates goal-directed behavior. *Journal of Consumer Research*, *39*, 371-381.

4 Dickson, J. M. y Moberly, N. J. (2013). Reduced specificity of personal goals and explanations for goal attainment in major depression. *PLoS ONE*, *8*, e64512.

5 Armitage, C. J. (2007). Effects of an implementation intention-based intervention on fruit consumption. *Psychology & Health*, *22*, 917-928.

6 Wiese, J., Buehler, R. y Griffin, D. (2016). Backward planning: Effects of planning direction on predictions of task completion time. *Judgment and Decision Making*, *11*, 147-167.

7 Park, J., Lu, F.-C. y Hedgcock, W. M. (2017). Relative effects of forward and backward planning on goal pursuit. *Psychological Science*, *28*, 1620-1630.

8 Conlon, K. E., Ehrlinger, J., Eibach, R. P., Crescioni, A. W., Alquist, J. L., Gerend, M. A. y Dutton, G. R. (2011). Eyes on the prize: The longitudinal benefits of goal focus on progress toward a weight loss goal. *Journal of Experimental Social Psychology*, *47*, 853-855.

CAPÍTULO 3. APRENDE A TENER EN CUENTA TU SALUD Y A BAJAR DE PESO

1 Falk, E. B., O'Donnell, M. B., Cascio, C. N., Tinney, F., Kang, Y., Lieberman, M. D., ... y Strecher, V. J. (2015). Self-affirmation alters the brain's responses to health messages and subsequent behavior change. *PNAS*, *112*, 1977-1982.

2 Brouwer, A. M. y Mosack, K. E. (2015). Motivating healthy diet behaviors: The self-as-doer identity. *Self and Identity, 14*, 638-653.

3 Houser-Marko, L. y Sheldon, K. M. (2006). Motivating behavioral persistence: The self-as-doer construct. *Personality and Social Psychology Bulletin, 32*, 1037-1049.

4 Morewedge, C. K., Huh, Y. E. y Vosgerau, J. (2010). Thought for food: Imagined consumption reduces actual consumption. *Science, 330*, 1530-1533.

5 Bellieni, C. V., Cordelli, D. M., Raffaelli, M., Ricci, B., Morgese, G. y Buonocore, G. (2006). Analgesic effect of watching TV during venipuncture. *Archives of Disease in Childhood, 91*, 1015-1017.

6 Braude, L. y Stevenson, R. J. (2014). Watching television while eating increases energy intake: Examining the mechanisms in female participants. *Appetite, 76*, 9-16.

7 Mittal, D., Stevenson, R. J., Oaten, M. J. y Miller, L. A. (2010). Snacking while watching TV impairs food recall and promotes food intake on a later TV free test meal. *Applied Cognitive Psychology, 25*, 871-877.

8 Stroebele, N. y de Castro, J. M. (2006). Listening to music while eating is related to increases in people's food intake and meal duration. *Appetite, 47*, 285-289.

9 Elder, R. S. y Mohr, G. S. (2016). The crunch effect: Food sound salience as a consumption monitoring cue. *Food Quality and Preference, 51*, 39-46.

10 Hill, P. L., Allemand, M. y Roberts, B. W. (2013). Examining the pathways between gratitude and self-reported physical health across adulthood. *Personality and Individual Differences, 54*, 92-96.

11 Emmons, R. A. y McCullough, M. E. (2003). Counting blessings versus burdens: An experimental investigation of gratitude and subjective well-being in daily life. *Journal of Personality and Social Psychology, 84*, 377-389.

12 Kini, P., Wong, J., McInnis, S., Gabana, N. y Brown, J. W. (2016). The effects of gratitude expression on neural activity. *NeuroImage, 128*, 1-10.

CAPÍTULO 4. CÓMO TOMAR MEJORES DECISIONES

1 La naturaleza tiene muchos patrones; trabaja en forma sistemática; Jennifer organizó sus repisas; forma una fila ordenada; la hora del amanecer es predecible/ es predecible la hora del amanecer; los empleados deben ser metódicos; los relojes miden el tiempo precisamente; teclear con ambas manos resulta eficiente/resulta eficiente teclear con ambas manos; los inversionistas deben ser analíticos; resolver crímenes requiere lógica.

2 Rahinel, R., Amaral, N. B., Clarkson, J. J. y Kay, A. C. (2016). On incidental catalysts of elaboration: Reminders of environmental structure promote effortful thought. *Journal of Experimental Social Psychology, 64*, 1-7.

3 Schwartz, B., Ward, A., Monterosso, J., Lyubomirsky, S., White, K. y Lehman, D. R. (2002). Maximizing versus satisficing: Happiness is a matter of choice. *Journal of Personality and Social Psychology*, *83*, 1178-1197.
4 Iyengar, S. S. y Lepper, M. R. (2000). When choice is demotivating: Can one desire too much of a good thing? *Journal of Personality and Social Psychology*, *79*, 995-1006.
5 Iyengar, S. S., Wells, R. E. y Schwartz, B. (2006). Doing better but feeling worse: Looking for the «best» job undermines satisfaction. *Psychological Science*, *17*, 143-150.
6 Besedes, T., Deck, C., Sarangi, S. y Shor, M. (2015). Reducing choice overload without reducing choices. *Review of Economics and Statistics*, *97*, 793-802.
7 Grossman, I. y Kross, E. (2014). Exploring Solomon's Paradox: Self-distancing eliminates the self-other asymmetry in wise reasoning about close relationships in younger and older adults. *Psychological Science*, *25*, 1571-1580.
8 White, R. E. y Carlson, S. M. (2016). What would Batman do? Self-distancing improves executive function in young children. *Developmental Science*, *19*, 419-426.
9 Polman, E. y Emich, K. J. (2011). Decisions for others are more creative than decisions for the self. *Personality and Social Psychology Bulletin*, *37*, 492-501.
10 Grossman, I., Sahdra, B. K. y Ciarrochi, J. (2016). A heart and a mind: Self-distancing facilitates the association between heart rate variability, and wise reasoning. *Frontiers in Behavioral Neuroscience*, *10*, Artículo 68.

CAPÍTULO 5. POTENCIA TU CREATIVIDAD E INVENTIVA

1 Zitek, E. M. y Vincent, L. C. (2015). Deserve and diverge: Feeling entitled makes people more creative. *Journal of Experimental Social Psychology*, *56*, 242-248.
2 Rosenblatt, E. y Winner, E. (1988). The art of children's drawing. *Journal of Aesthetic Education*, *22*, 3-15.
3 Zabelina, D. L. y Robinson, M. D. (2010). Child's play: Facilitating the originality of creative output by a priming manipulation. *Psychology of Aesthetics, Creativity, and the Arts*, *4*, 57-65.
4 Patinaje, escultura, cubo (hielo); ruedas, montar, comedor (silla); de cambio, muñecas, hogar (casa); cadáver, tiempo, mar (muerto); corona, arreglo, novia (flor/flores).
5 Mehta, R., Zhu, R. (J.) y Cheema, A. (2012). Is noise always bad? Exploring the effects of ambient noise on creative cognition. *Journal of Consumer Research*, *39*, 784-799.

6 Threadgold, E., Marsh, J. E., McLatchie, N. y Ball, L. J. (2019). Background music stints creativity: Evidence from compound remote associate tasks. *Applied Cognitive Psychology, 33*, 873-888.

7 Oppezzo, M. y Schwartz, D. L. (2014). Give your ideas some legs: The positive effects of walking on creative thinking. *Journal of Experimental Psychology: Learning, Memory, and Cognition, 40*, 1142-1152.

8 Yeung, R. R. y Hemsley, D. R. (1996). Effects of personality and acute exercise on mood states. *Personality and Individual Differences, 20*, 545-550.

9 Ekkekakis, P., Hall, E. E., VanLanduyt, L. M. y Petruzzello, S. J. (2000). Walking in (affective) circles: Can short walks enhance affect? *Journal of Behavioral Medicine, 23*, 245-275.

10 Rietzschel, E. F., Nijstad, B. A. y Stroebe, W. (2014). Effects of problem scope and creativity instructions on idea generation and selection. *Creativity Research Journal, 26*, 185-191.

CAPÍTULO 6. SÉ INTELIGENTE CON TU APRENDIZAJE, MEMORIA Y DESEMPEÑO

1 Las estadísticas relacionadas con la obesidad que el gobierno de Gran Bretaña publicó el 20 de marzo de 2018 indicaron que 61% de los adultos estaban en sobrepeso (35%) o eran obesos (26% adicional). Para información más detallada, véase: Baker, C. (2018). Obesity statistics, *Commons Briefing Papers SN03336*. Consultado el 31 de mayo de 2018 en https://researchbriefings.parliament.uk/ResearchBriefing/Summary/SN03336.

2 Quiero enfatizar que no critico a los científicos por sus investigaciones. Fueron de lo más claro en cuanto a que su estudio se había llevado a cabo con gusanos nematodos. Mi desaprobación se dirige a los autores que quizá busquen un mayor número de clics a sus páginas a través del uso de títulos más atractivos de los que podrían justificarse desde un punto de vista científico. Si te interesa la investigación con los gusanos, puedes ver: Vohra, M., Lemieux, G. A., Lin, L. y Ashrafi, K. (2017). The beneficial effects of dietary restriction on learning are distinct from its effects on longevity and mediated by depletion of a neuroinhibitory metabolite. *PLoS Biology, 15*, e2002032.

3 Karpicke, J. D. y Blunt, J. R. (2011). Retrieval practice produces more learning than elaborative studying with concept mapping. *Science, 331*, 772-775.

4 Forrin, N. D. y MacLeod, C. M. (2018). This time it's personal: The memory benefit of hearing oneself. *Memory, 26*, 574-579.

5 Goode, S. y Magill, R. (1986). Contextual interference effects in learning three badminton serves. *Research Quarterly for Exercise and Sport, 57*, 308-314.

6 Carter, C. E. y Grahn, J. A. (2016). Optimizing music learning: Exploring how blocked and interleaved practice schedules affect advanced performance. *Frontiers in Psychology, 7,* Artículo 1251.

7 Rohrer, D., Dedrick, R. F. y Burgess, K. (2014). The benefit of interleaved mathematics practice is not limited to superficially similar kinds of problems. *Psychonomic Bulletin Review, 21,* 1323-1330.

8 Monteiro, S., Melvin, L., Manolakos, J., Patel, A. y Norman, G. (2017). Evaluating the effect of instruction and practice schedule on the acquisition of ECG interpretation skills. *Perspectives on Medical Education, 6,* 237-245.

9 Carvalho, P. F., Braithwaite, D. W., de Leeuw, J. R., Motz, B. A. y Goldstone, R. L. (2016). An *in vivo* study of self-regulated study sequencing in introductory psychology courses. *PLoS ONE, 11,* e0152115.

10 Propper, R. E., McGraw, S. E., Brunyé, T. T. y Weiss, M. (2013). Getting a grip on memory: Unilateral hand clenching alters episodic recall. *PLoS ONE, 8,* e62474.

CAPÍTULO 7. CÓMO LIDIAR CON LA PRESIÓN Y CON LAS PRESENTACIONES PÚBLICAS

1 Stein, M. B., Walker, J. R. y Forde, D. R. (1996). Public-speaking fears in a community sample: Prevalence, impact on functioning, and diagnostic classification. *Archives of General Psychiatry, 53,* 169-174.

2 Pezdek, K. y Salim, R. (2011). Physiological, psychological and behavioral consequences of activating autobiographical memories. *Journal of Experimental Social Psychology, 47,* 1214-1218.

3 Nair, S., Sagar, M., Sollers III, J., Consedine, N. y Broadbent, E. (2015). Do slumped and upright postures affect stress responses? A randomized trial. *Health Psychology, 34,* 632-641.

4 Peper, E., Harvey, R., Mason, L. y Lin, I. M. (2018). Do better in math: How your body posture may change stereotype threat response. *NeuroRegulation, 5,* 67-74.

5 Veenstra, L., Schneider, I. K. y Koole, S. L. (2016). Embodied mood regulation: The impact of body posture on mood recovery, negative thoughts, and mood-congruent recall. *Cognition and Emotion, 31,* 1361-1376.

6 Balk, Y. A., Adriaanse, M. A., de Ridder, D. T. D. y Evers, C. (2013). Coping under pressure: Employing emotion regulation strategies to enhance performance under pressure. *Journal of Sport & Exercise Psychology, 35,* 408-418.

7 Nadal, R. (2011). My pre-game rituals sharpen my senses before I go into battle. *Telegraph.* Consultado el 26 de julio de 2018 de https://www.telegraph.co.uk/sport/tennis/8703175/Rafael-Nadal-my-pre-game-ritualssharpen-my-senses-before-I-go-into-battle.html.

8 Brooks, A. W., Schroeder, J., Risen, J. L., Gino, F., Galinsky, A. D., Norton, M. I. y Schweitzer, M. E. (2016). Don't stop believing: Rituals improve performance by decreasing anxiety. *Organizational Behavior and Human Decision Processes, 137*, 71-85.

9 Tian, A. D., Schroeder, J., Häubl, G., Risen, J. L., Norton, M. I. y Gino, F. (2018). Enacting rituals to improve self-control. *Journal of Personality and Social Psychology, 114*, 851-876.

CAPÍTULO 8. ENCUENTRA PEQUEÑAS MANERAS DE SENTIRTE MÁS FELIZ

1 Sheldon, K. M. y Lyubomirsky, S. (2006). How to increase and sustain positive emotion: The effects of expressing gratitude and visualizing best possible selves. *Journal of Positive Psychology, 1*, 73-82.

2 Peters, M. L., Meevissen, Y. M. C. y Hanssen, M. M. (2013). Specificity of the Best Possible Self intervention for increasing optimism: Comparison with a gratitude intervention. *Terapia Psicológica, 31*, 93-100.

3 Para un análisis detallado acerca de los méritos del método MYP, véase: Malouff, J. M. y Schutte, N. S. (2017). Can psychological interventions increase optimism? A meta-analysis. *Journal of Positive Psychology, 12*, 594-604.

4 Sheldon, K. M., Cummins, R. y Kamble, S. (2010). Life balance and well-being: Testing a novel conceptual and measurement approach. *Journal of Personality, 78*, 1093-1134.

5 Bono, J. E., Glomb, T. M., Shen, W., Kim, E. y Koch, A. J. (2013). Building positive resources: Effects of positive events and positive reflection on work stress and health. *Academy of Management Journal, 56*, 1601-1627.

6 Para un resumen general acerca del tema de la conciencia plena y el consumo de alimentos, véase: O'Reilly, G. A., Cook, L., Spruijt-Metz, D. y Black, D. S. (2014). Mindfulness-based interventions for obesity-related eating behaviors: A literature review. *Obesity Review, 15*, 453-461.

7 O'Brien, E. y Smith, R. W. (2019). Unconventional consumption methods and enjoying things consumed: Recapturing the «first-time» experience. *Personality and Social Psychology Bulletin, 45*, 67-80.

8 Finkel, E. J., Slotter, E. B., Luchies, L. B., Walton, G. M. y Gross, J. J. (2013). A brief intervention to promote conflict reappraisal preserves marital quality over time. *Psychological Science, 24*, 1595-1601.

CONCLUSIONES. ARRIBA Y ADELANTE, AHORA TE TOCA A TI

1 Winslow, C. J., Kaplan, S. A., Bradley-Geist, J. C., Lindsey, A. P., Ahmad, A. S. y Hargrove, A. K. (2017). An examination of two positive organizational interventions: For whom do these interventions work? *Journal of Occupational Health Psychology, 22*, 129-137.

2 Sevincer, A. T. y Oettingen, G. (2013). Spontaneous mental contrasting and selective goal pursuit. *Personality and Social Psychology Bulletin, 39*, 1240-1254.
3 Oettingen, G. y Reininger, K. M. (2016). The power of prospection: Mental contrasting and behaviour change. *Social and Personality Psychology Compass, 10*, 591-604.